쑤욱쑤욱
타자실력

| 차시 | 날짜 | | 빠르기 | 정확도 | 확인란 |
|---|---|---|---|---|---|
| 1 | 월 | 일 | 타 | % | |
| 2 | 월 | 일 | 타 | % | |
| 3 | 월 | 일 | 타 | % | |
| 4 | 월 | 일 | 타 | % | |
| 5 | 월 | 일 | 타 | % | |
| 6 | 월 | 일 | 타 | % | |
| 7 | 월 | 일 | 타 | % | |
| 8 | 월 | 일 | 타 | % | |
| 9 | 월 | 일 | 타 | % | |
| 10 | 월 | 일 | 타 | % | |
| 11 | 월 | 일 | 타 | % | |
| 12 | 월 | 일 | 타 | % | |

| 차시 | 날짜 | | 빠르기 | 정확도 | 확인란 |
|---|---|---|---|---|---|
| 13 | 월 | 일 | 타 | % | |
| 14 | 월 | 일 | 타 | % | |
| 15 | 월 | 일 | 타 | % | |
| 16 | 월 | 일 | 타 | % | |
| 17 | 월 | 일 | 타 | % | |
| 18 | 월 | 일 | 타 | % | |
| 19 | 월 | 일 | 타 | % | |
| 20 | 월 | 일 | 타 | % | |
| 21 | 월 | 일 | 타 | % | |
| 22 | 월 | 일 | 타 | % | |
| 23 | 월 | 일 | 타 | % | |
| 24 | 월 | 일 | 타 | % | |

# 이 책의 목차

# 세계에는 어떤 나라들이 있을까?

초등학생인 초롱이는 학교에서 세계 여러 나라에 대해 배우고 나서 언젠가는 꼭 세계 여행을 하고 싶어졌어요. 세계 여행을 떠나려면 먼저 어떤 나라들이 있는지부터 알아야 해요. 모든 나라의 위치 정보를 확인할 수 있는 구글 지도를 이용하여 원하는 여행 장소를 살펴볼까요?

**학습목표**

♥ 구글 크롬을 이용하여 구글 지도를 실행할 수 있습니다.
♥ 구글 지도를 이용하여 나라들의 위치를 확인할 수 있습니다.
♥ 원하는 여행 장소의 정보를 미리 확인할 수 있습니다.

**미리보기**

✈ 실습 파일 : 없음   ✈ 완성 파일 : 없음

## 01 구글 지도 실행하기

**1** 구글 크롬(⦿)을 실행한 후 검색 칸에 **구글 지도**를 입력하고 [Enter]를 눌러요. 구글 지도가 검색되어 나오면 링크 주소를 클릭해요.

**2** 구글 지도가 실행되면 마우스 휠로 화면을 축소하여 전세계 지도를 확인해요.

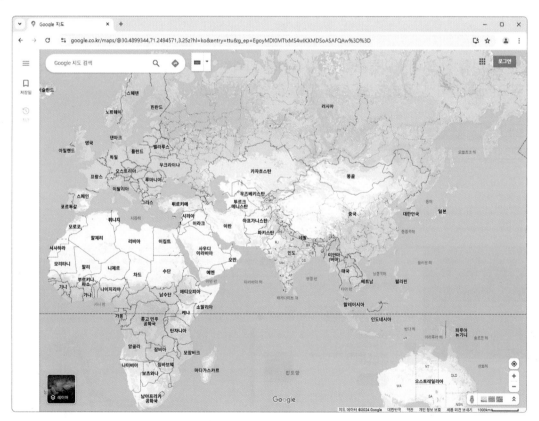

 **TIP**

**구글 지도 확인 방법**
❶ 마우스 휠을 위-아래로 굴리면 지도를 확대 및 축소할 수 있어요.
❷ 마우스 왼쪽 버튼을 누른 채 드래그하면 원하는 위치로 이동할 수 있어요.

**3** 화면을 확대하여 유럽 지역을 살펴보면서 각 **나라별 수도**가 어디인지 적어보세요.

| | |
|---|---|
| 네덜란드 | |
| 핀란드 | |
| 영국 | |
| 독일 | |
| 헝가리 | |
| 프랑스 | |
| 체코 | |
| 스페인 | |
| 이탈리아 | |
| 폴란드 | |

 **02 여행 장소 정보 확인하기**

**1** 왼쪽 검색 칸에 여행 장소(예 : 이탈리아 콜로세움)를 입력한 후 Enter를 눌러요. 해당 장소로 지도가 이동하면 필요한 정보(티켓, 리뷰, 정보, 호텔 등)를 확인해 보세요.

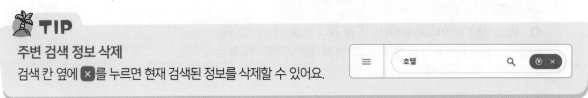

**TIP**

**주변 검색 정보 삭제**
검색 칸 옆에 ✕를 누르면 현재 검색된 정보를 삭제할 수 있어요.

**2** 콜로세움 주변을 확인하기 위해 **스트리트 뷰 이미지 탐색(🧍)**을 선택한 후 원하는 길을 클릭해요.

**3** 스트리트 뷰가 실행되면 마우스를 드래그하여 주변을 확인해 보세요.

 **TIP**

**스트리트 뷰 확인 방법**
❶ 마우스 휠을 위·아래로 굴리면 화면을 확대 및 축소할 수 있어요.
❷ 마우스 왼쪽 버튼을 누른 채 드래그하면 원하는 방향으로 회전할 수 있어요.

**4** 길을 클릭하여 다른 위치로 이동한 후 주변을 확인해 보세요. 주변 확인이 끝나면 오른쪽 상단의 종료 ( ⊗ ) 단추를 누르세요.

**5** **스트리트 뷰 이미지 탐색( 👤 )**을 클릭하여 선택을 해제한 후 **레이어**를 클릭하여 위성 사진으로 콜로세움 주변을 확인해 보세요.

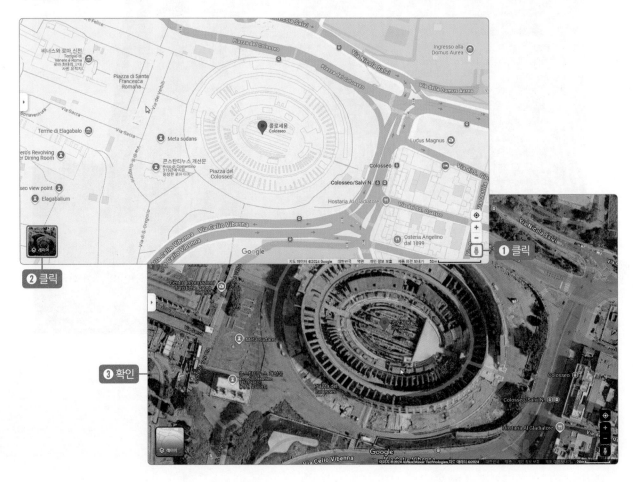

# 오늘의 미션

**1** '나이아가라 폭포'를 검색하여 정보를 확인한 후 스트리트 뷰로 주변을 확인해 보세요.

**2** 구글 지도를 이용하여 여행을 가고 싶은 나라의 정보를 확인한 후 적어보세요.

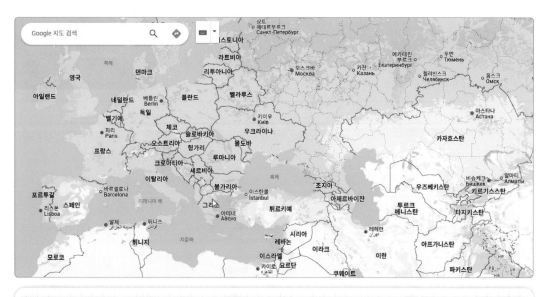

① 
② 
③ 
④ 
⑤

# 세계 여러 나라 살펴보기

세계에 어떤 나라들이 있는지 알아본 초롱이는 꼭 가고 싶은 나라에 대해 더 자세하게 살펴보고 싶어졌어요. 전 세계 240개 이상의 나라에 대해 다양한 정보를 제공하고 퀴즈까지 풀 수 있는 "세계 아틀라스 및 세계지도" 앱을 설치하여 정보를 확인해 볼까요?

**학습목표**

- 📍 마이크로소프트 스토어에서 원하는 앱을 설치할 수 있습니다.
- 📍 나라별로 국기와 다양한 정보를 확인할 수 있습니다.
- 📍 세계에서 가장 긴 강과 높은 산의 정보를 확인할 수 있습니다.

**미리보기**

✈ 실습 파일 : 없음   ✈ 완성 파일 : 없음

# 01 마이크로소프트 스토어에서 앱 설치하기

**1** 작업 표시줄에서 **마이크로소프트 스토어(▣)** 앱을 클릭해요.

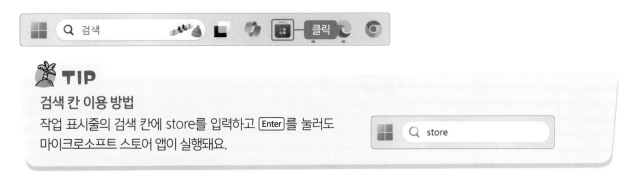

**🌴 TIP**

**검색 칸 이용 방법**
작업 표시줄의 검색 칸에 store를 입력하고 Enter를 눌러도
마이크로소프트 스토어 앱이 실행돼요.

**2** 상단 검색 칸에 **세계지도**를 입력한 후 Enter를 눌러요. 앱들이 검색되어 나오면 **[세계 아틀라스 및 세계지도 MxGeo]** 무료 버전을 클릭해요.

**3** <다운로드> 버튼을 클릭하여 설치가 완료되면 <열기> 버튼을 클릭해요.

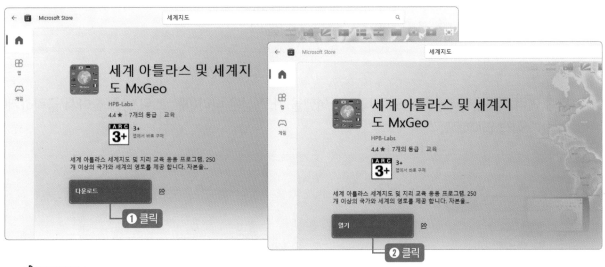

 **TIP**

**이용 약관**
앱을 사용하기 위한 이용 약관이 나오면 <동의하고 계속해요>를 클릭해요.

**1** 앱이 실행되면 **[국가]**를 클릭해요.

 **TIP**

**메뉴**

❶ **국가** : 세계 국가에 대한 다양한 정보(지도, 해당 국가 정보, 위치, 국기)를 확인할 수 있어요.

❷ **퀴즈** : 국가에 대한 다양한 퀴즈를 풀어볼 수 있어요.

❸ **세계 지도** : 세계 지도를 한 눈에 확인할 수 있어요.

❹ **세계-탐색기** : 면적이나 인구 등을 기준으로 정렬하여 국가별로 정보를 확인할 수 있어요.

❺ **즐겨찾기** : 원하는 국가를 선택하여 즐겨찾기에 추가할 수 있어요.

❻ **비교** : 2개의 국가를 선택하여 서로 비교할 수 있어요.

❼ **세계 시간** : 원하는 국가를 선택하여 시간을 확인할 수 있어요.

❽ **가상 세계 투어** : 세계 여러 나라의 사진을 확인할 수 있어요.

**2** 세계 여러 국가들이 가나다순으로 나오면 여행을 가고 싶은 나라(예 : 스위스)를 찾아서 클릭하거나, 검색 칸에 직접 입력해요.

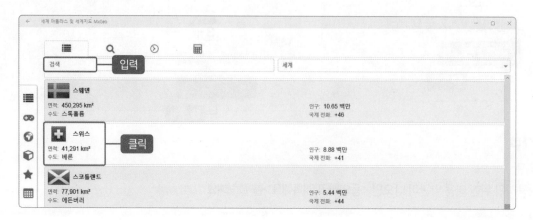

**3** 스위스 지도를 확인한 후 상단에 있는 **[데이터]** 메뉴를 클릭해요.

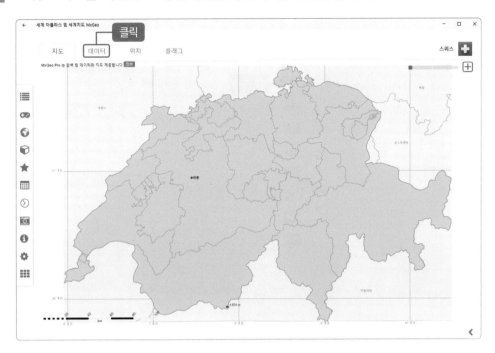

**4** 스위스 국가에 대한 데이터가 나오면 세부 메뉴를 클릭하여 정보를 확인하세요.

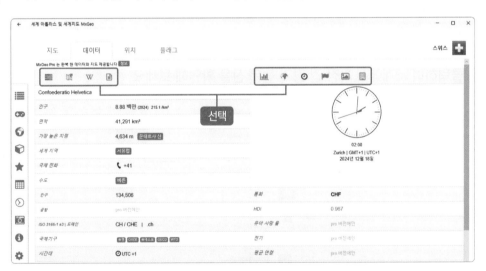

🌴 **TIP**

**세부 메뉴**

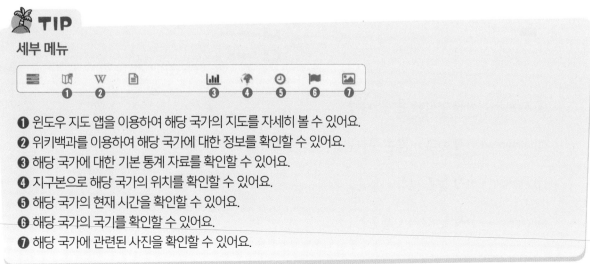

❶ 윈도우 지도 앱을 이용하여 해당 국가의 지도를 자세히 볼 수 있어요.

❷ 위키백과를 이용하여 해당 국가에 대한 정보를 확인할 수 있어요.

❸ 해당 국가에 대한 기본 통계 자료를 확인할 수 있어요.

❹ 지구본으로 해당 국가의 위치를 확인할 수 있어요.

❺ 해당 국가의 현재 시간을 확인할 수 있어요.

❻ 해당 국가의 국기를 확인할 수 있어요.

❼ 해당 국가에 관련된 사진을 확인할 수 있어요.

**5** 왼쪽의 **세계-탐색기(📦)**를 클릭하여 **면적, 인구** 순위로 국가별 정보를 확인해 보세요.

🌴 **TIP**

**데이터 정렬**

우측 상단의 정렬 단추(⇕정렬)를 클릭하면 '오름차순'과 '내림차순'으로 정렬할 수 있어요.

**6** **강(💧)**과 **산(⛰)**을 클릭하여 세계에서 가장 긴 강과 높은 산을 확인해 보세요.

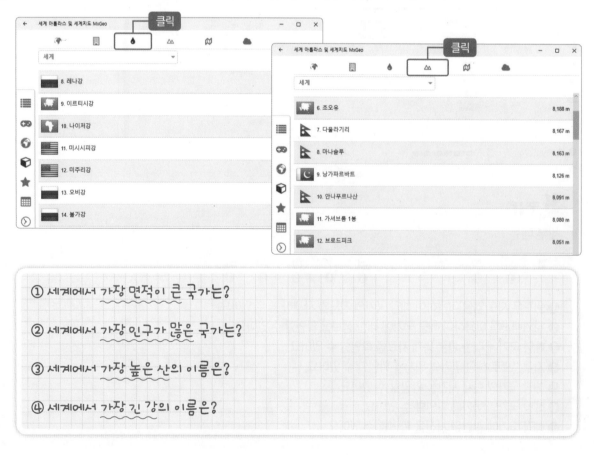

① 세계에서 가장 면적이 큰 국가는? _____

② 세계에서 가장 인구가 많은 국가는? _____

③ 세계에서 가장 높은 산의 이름은? _____

④ 세계에서 가장 긴 강의 이름은? _____

# 오늘의 미션

**1** 게임( )을 클릭하여 '글로브'와 '플래그 2' 게임을 즐겨보세요.

**2** 메인( ) - 가상 세계 투어( )를 클릭하여 세계 여러 나라를 둘러본 후 아래 사진들은 어느 국가인지 찾아 적어보세요.

# 세계 여행 계획서 작성하기

세계 여러 나라에 대해 잘 알게 된 초롱이는 당장 여행을 떠나고 싶었어요. 하지만 부모님께서는 세계 여행을 하려면 먼저 세계 여행 계획서를 만들어야 한다고 하셨어요. 우리 다함께 미국 뉴욕의 자유의 여신상을 보기 위한 계획서를 만들어 볼까요?

- 한글 프로그램을 실행할 수 있습니다.
- 실습파일을 열어 내용을 채울 수 있습니다.
- 입력된 글자에 다양한 서식(글자 크기, 글자 색 등)을 적용할 수 있습니다.

✈ 실습 파일 : 세계 여행 계획서.hwp   ✈ 완성 파일 : 세계 여행 계획서(완성).hwp

## 01 한글 프로그램을 실행한 후 실습파일 불러오기

**1** [시작(⊞)]-모두- 🗒 한글 2022 를 클릭하여 한글을 실행해요.

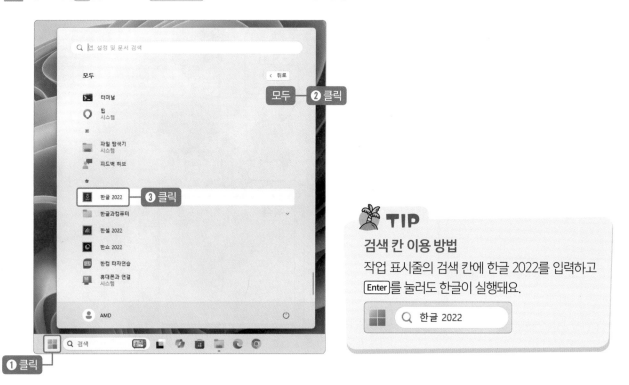

🌴 **TIP**

**검색 칸 이용 방법**
작업 표시줄의 검색 칸에 한글 2022를 입력하고
Enter 를 눌러도 한글이 실행돼요.

**2** 한글이 실행되면 **[내 컴퓨터에서 불러오기]**를 클릭해요. [불러오기] 대화상자가 나오면 [03차시]-
[실습파일] 폴더에서 **세계 여행 계획서.hwp** 파일을 선택한 후 <열기> 버튼을 클릭해요.

**1** **나라명**을 클릭하여 가고 싶은 나라를 입력해 보세요.

**2** **여행지**와 **목적**을 클릭하여 내용을 입력해 보세요.

🌴 **TIP**

**글자 크기 변경**

❶ 입력된 글자가 다음 줄로 넘어가면 Esc 를 누른 후 [서식] 도구 상자의 **글자 크기 단추(⌵)**를 눌러 크기를 줄여주세요.

❷ 여행지 글자 크기 : 23pt, 목적 글자 크기 : 19pt

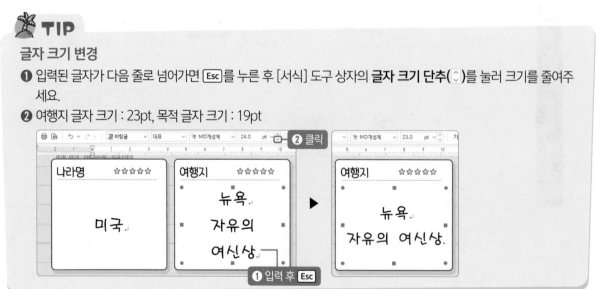

**3** 여행기간, 준비물, 인사말을 클릭하여 내용을 입력한 후 글자 색을 변경하세요.

### 🌴 TIP

**글자 색 변경**

❶ 글자 색을 변경할 글자를 마우스로 드래그하여 블록으로 지정하세요.
❷ [서식] 도구 상자에서 글자 색 단추(▾)를 눌러 원하는 색을 선택해요.
❸ Esc 를 눌러 변경된 글자 색을 확인해요.

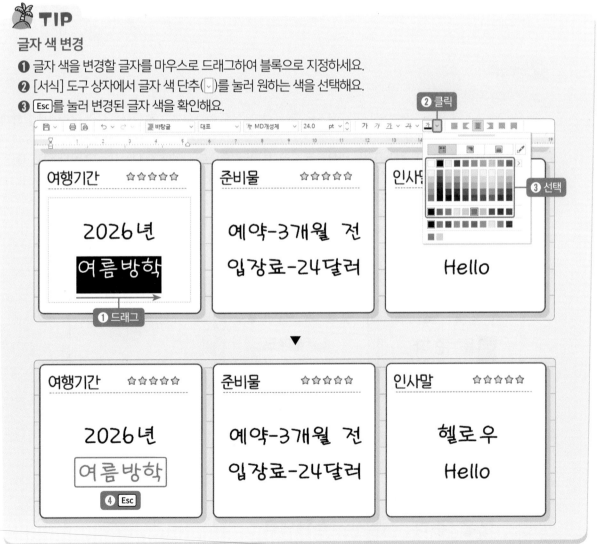

**4** 문화, 음식, 느낀점을 클릭하여 내용을 입력한 후 **밑줄, 진하게, 기울임**을 지정해요.

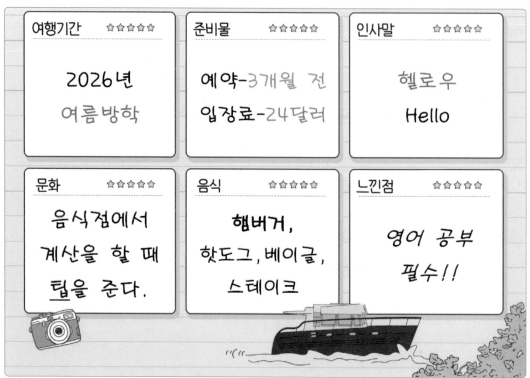

🌴 **TIP**

글자 속성 지정

❶ **진하게(**가**)** : 속성을 지정할 글자를 마우스로 드래그하여 블록으로 지정한 후 [서식] 도구 상자에서 **진하게**를 클릭하세요.

❷ **기울임(**가**)** : 속성을 지정할 글자를 마우스로 드래그하여 블록으로 지정한 후 [서식] 도구 상자에서 **기울임**을 클릭하세요.

❸ **밑줄(**가**)** : 속성을 지정할 글자를 마우스로 드래그하여 블록으로 지정한 후 [서식] 도구 상자에서 **밑줄**을 클릭하세요.

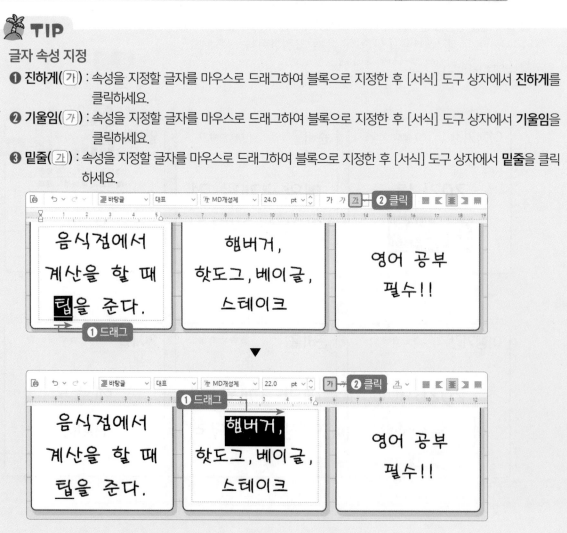

# 오늘의 미션

**1** 여러분이 꼭 가고 싶은 나라의 여행지를 조사한 후 '세계 여행 계획서'를 스스로 만들어 보세요.

· 실습 파일 : 세계 여행 계획서-1.hwp　　· 완성 파일 : 세계 여행 계획서-1(완성).hwp

## 세계여행계획서

| 나라명 | |
|---|---|
| 여행지 | |
| 목적 | |
| 여행기간 | |
| 준비물 | |
| 인사말 | |
| 문화 | |
| 음식 | |
| 느낀점 | |

# 다른 나라 시간 알아보기

초롱이는 영국에 있는 친구에게 아침에 전화를 걸었는데, 친구가 새벽에 왜 전화를 하냐며 핀잔을 주었어요. 초롱이는 그제서야 영국 시간이 한국과 다르다는 것을 알게 되었는데요. 윈도우의 '날짜 및 시간'을 이용하여 나라별로 다른 시간을 알아볼까요?

♥ 현재 시간과 날짜를 확인할 수 있습니다.
♥ 다른 표준 시간대의 시계를 추가할 수 있습니다.
♥ 인터넷을 이용하여 세계 주요 도시의 시간을 확인할 수 있습니다.

실습 파일 : 없음 ✈ 완성 파일 : 없음

# 01 왜 나라마다 시간이 다를까요?

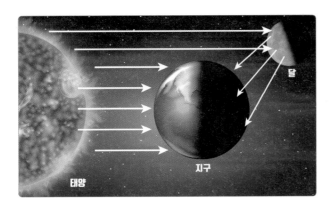

태양이 비치는 나라들은 낮이고 반대편에 있는 나라들은 밤이에요. 지구는 하루에 한 바퀴씩 스스로 돌기 때문에 나라 또는 지역마다 시간이 달라요.

# 02 다른 나라 시계 표시하기

1️⃣ 작업 표시줄에서 시간과 날짜가 나오는 부분을 클릭하면 **현재 날짜**와 **알림**을 확인할 수 있어요.

2️⃣ 날짜와 시간 위에서 마우스 오른쪽 버튼을 눌러 **[날짜 및 시간 조정]**을 클릭해요.

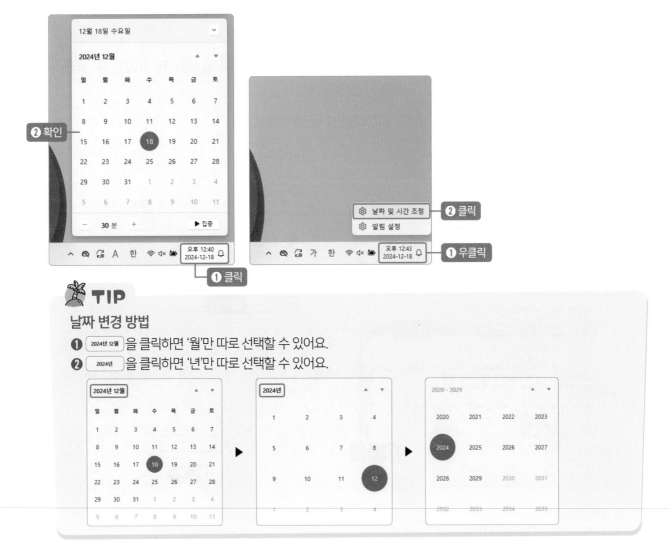

**3** [날짜 및 시간] 설정 창이 열리면 **추가 시계**를 클릭해요.

**4** [날짜 및 시간] 대화상자가 나오면 [추가 시계] 탭을 클릭하여 **시계 표시**를 체크(v)한 후 표준 시간대 선택에서 영국의 수도 **런던**이 있는 시간대를 선택해요.

**5** 표시 이름 입력 칸에 **영국 런던**을 입력하고 <확인>을 클릭해요.

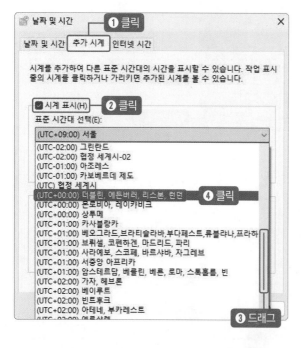
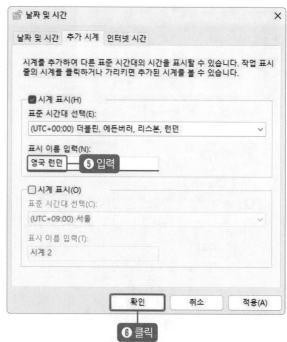

**6** 작업 표시줄에서 **시간과 날짜**를 클릭하면 위쪽에 영국 **런던 시간**이 표시돼요.

**7** 같은 방법으로 미국 뉴욕을 추가하기 위해 **미국 동부 표준시(미국과 캐나다)**의 시계를 추가해 보세요.

 **03 네이버 세계시간으로 세계 주요 도시 시간 알아보기**

**1** 인터넷을 실행한 후 **네이버**(www.naver.com)에 접속하세요.

**2** 네이버 검색 칸에 **네이버 세계시간**을 입력한 후 Enter 를 누르세요.

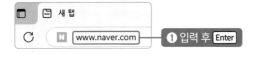 

 **TIP**

**인터넷 실행**

인터넷을 실행하기 위해서는 '마이크로소프트 엣지(◐)' 또는 '구글 크롬(◉)'을 사용하세요.

**3** 네이버에서 제공하는 세계시간이 나오면 세계 주요 도시의 시간을 확인하세요.

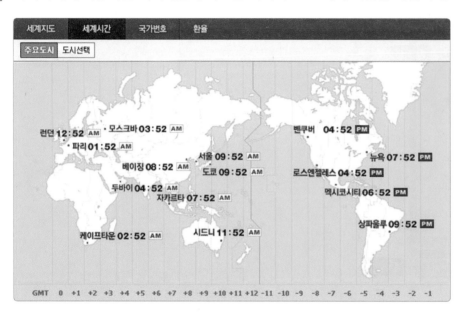

**4** [도시선택] 탭을 클릭한 후 **다른 도시 선택** 단추( > )를 클릭하세요. 목록이 나오면 원하는 **국가**와 **도시**를 선택한 후 시간 및 시차를 확인해 보세요.

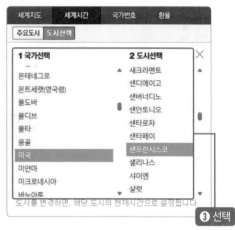

**5** 같은 방법으로 다른 국가와 도시를 선택하여 서울과 시차를 확인한 후 적어보세요.

- 그리스-산토리니 :
- 독일-베를린 :
- 말레이시아-쿠알라룸푸르 :
- 멕시코-멕시코시티 :
- 브라질-상파울루 :
- 오스트레일리아-시드니 :
- 일본-도쿄 :

# 오늘의 미션

**1** 작업표시줄의 날짜와 시간을 이용하여 시계 표시를 중국(베이징)과 일본(오사카)로 변경해 보세요.

**2** 구글 크롬에서 '세계시간'을 검색한 후 'vClock.kr'을 클릭하여 확인해 보세요.

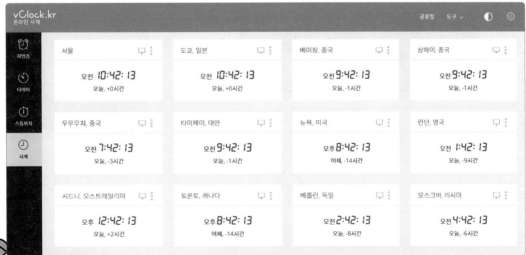

# 파일 압축으로 캐리어 정리하기

초롱이는 여행에 꼭 필요한 물품들을 캐리어에 넣으려는데 부피가 커서 들어가지 않아요. 이럴 때는 압축팩으로 압축을 하면 돼요~ 컴퓨터의 파일들도 마찬가지로 여러 개의 파일을 모아서 하나의 파일로 압축할 수 있어요. 여행 준비물 이미지 파일들을 폴더별로 정리한 후 압축하여 하나의 파일로 만들고, 필요한 곳에서 압축 파일을 풀어 볼까요?

📍 파일 압축의 개념과 필요성을 이해할 수 있습니다.

📍 파일을 압축할 수 있습니다.

📍 압축 파일을 풀 수 있습니다.

학습목표

미리보기

✈ 실습 파일 : 여행 준비물 이미지 파일　✈ 완성 파일 : 캐리어.zip

# 01 파일 압축이란 무엇일까요?

- 여러 개의 파일을 압축하면 하나의 파일로 만들 수 있어요.

- 파일을 압축하면 저장 ○ ㄹ 을 줄일 수 있어요.

- 파일을 압축하면 전송 ㅅ ㄱ 을 줄일 수 있어요.

- 파일 압축과 같이 우리 생활 속에서 압축하는 경우는 어떤 것들이 있을까요?

# 02 여행 가방에 담을 짐 분류하기

**1** 작업 표시줄에서 **파일 탐색기 아이콘(**📁**)**을 클릭하여 [05차시]-[실습파일] 폴더로 이동한 후 어떤 여행 준비물이 있는지 살펴보세요.

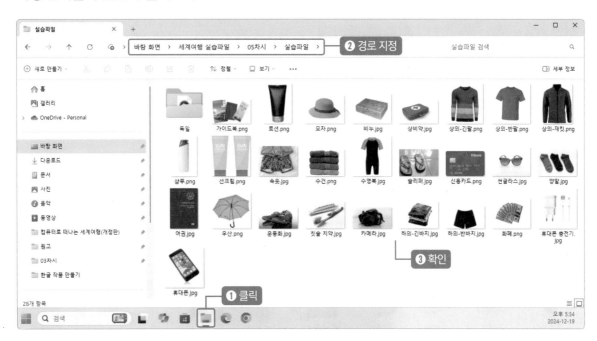

## 🌴 TIP

**검색 칸 이용 방법**

작업 표시줄의 검색 칸에 **파일 탐색기**를 입력하고 Enter 를 눌러도 파일 탐색기가 실행돼요.

**2** 파일이 없는 빈 곳에서 마우스 오른쪽 버튼을 눌러 **[새로 만들기]-[폴더]**를 클릭해요. [새 폴더]가 만들어지면 **귀중품**을 입력하고 Enter를 눌러요.

## 🌴 TIP

**폴더 이름 변경**
❶ 폴더 이름이 틀렸을 경우에는 해당 폴더를 선택한 후 F2를 누르세요.
❷ 새로운 이름을 입력한 후 Enter를 눌러요.

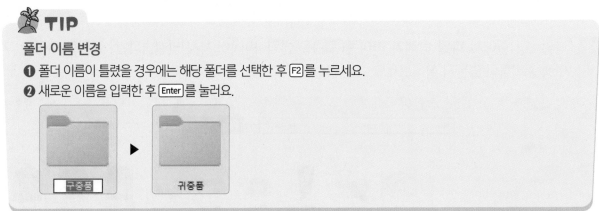

**3** 같은 방법으로 **세면도구, 신발, 옷, 전자기기, 화장품, 기타** 폴더를 만들어요.

**4** Ctrl을 누른 채 **신용카드, 여권, 화폐**를 클릭하여 동시에 선택한 후 [**귀중품**] 폴더로 드래그하여 이동시켜요. 같은 방법으로 다른 파일들도 관련된 폴더로 모두 이동시키세요.

· **세면도구** : 비누, 샴푸, 수건, 칫솔 치약

· **신발** : 슬리퍼, 운동화

· **옷** : 상의-긴팔, 상의-반팔, 상의-재킷, 속옷, 수영복, 양말, 하의-긴바지, 하의-반바지

· **전자기기** : 카메라, 휴대폰 충전기, 휴대폰

· **화장품** : 로션, 선크림

· **기타** : 가이드북, 모자, 상비약, 썬글라스, 우산

 **03** 파일 압축하고 압축 파일 풀기

**1** Ctrl을 누른 채 [독일]을 제외한 모든 폴더를 선택한 후 마우스 오른쪽 버튼을 눌러 [**압축 대상**]-[**Zip 파일**]을 클릭해요.

**2** 압축 파일이 만들어지면 **캐리어**를 입력한 후 Enter를 눌러요.

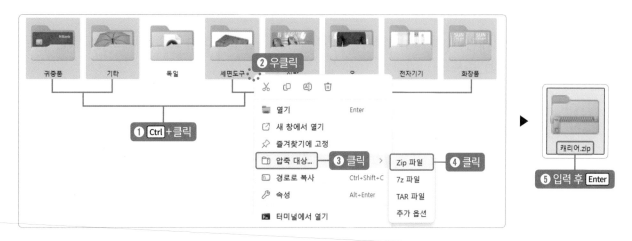

**3** 압축된 **캐리어.zip** 파일을 [사진] 폴더로 드래그하여 이동시켜요. [사진] 폴더를 선택한 후 캐리어.zip 파일 위에서 마우스 오른쪽 버튼을 눌러 [**압축 풀기**]를 선택해요.

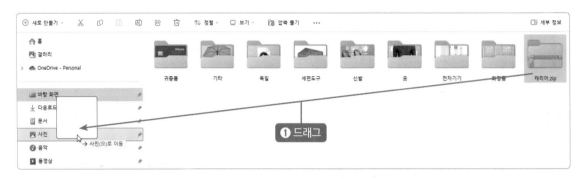

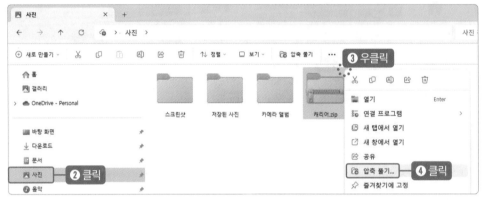

**4** [압축(Zip) 폴더 풀기] 대화상자가 나오면 <**압축 풀기**> 버튼을 클릭해요.

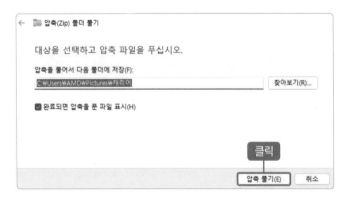

**5** 압축이 해제된 [**캐리어**] 폴더가 나타나면 해당 폴더를 더블 클릭하여 압축할 때 포함되었던 '하위 폴더' 와 '파일'들을 확인하세요.

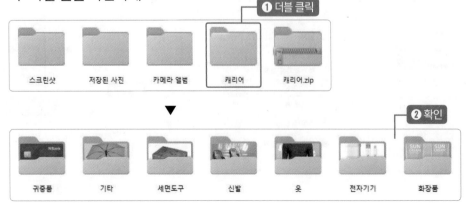

# 오늘의 미션

**1**  파일 탐색기 메뉴를 이용하여 파일을 압축한 후 풀어보세요.

※ 메뉴를 이용하여 압축 작업을 할 때는 F5를 눌러 확인해 주세요.

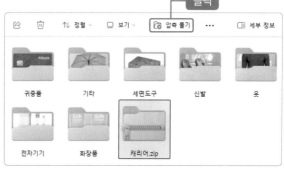

**2**  [05차시]-[실습파일]-[독일] 폴더 안에 있는 파일 4개를 압축한 후 압축 전 4개 파일들의 용량과 압축된 파일의 용량을 적어 보세요.

• 압축 전 파일 용량 : ▢▢▢ MB

• 압축 후 파일 용량 : ▢▢▢ MB

## HINT

• 파일을 선택하면 파일 탐색기의 아래쪽에 파일 용량이 표시돼요.
• Ctrl 을 누른 채 여러 개의 파일을 선택하면 합쳐진 용량이 표시돼요.

# 예쁜 글꼴로 여행사진 토퍼 만들기

여행을 가면 사진을 빼놓을 수 없죠? 초롱이는 열심히 여행사진 토퍼를 만들고 있는데 글자가 예쁘지 않아서 맘에 들지 않았어요. 컴퓨터에 무료 글꼴을 설치하여 예쁜 여행사진 토퍼를 만들어 볼까요?

- ♥ 무료 글꼴을 설치할 수 있습니다.
- ♥ 그림판 앱을 실행할 수 있습니다.
- ♥ 설치한 글꼴을 활용하여 그림판에서 토퍼를 만들 수 있습니다.

미리보기

✈ 실습 파일 : TmonMonsori.ttf, 토퍼.jpg     ✈ 완성 파일 : 토퍼(완성).jpg

\# 프랑스 에펠탑

## 01 글꼴 설치하기

**1** 작업 표시줄에서 **파일 탐색기 아이콘(📁)**을 클릭하여 [06차시]-[실습파일] 폴더로 이동한 후 TmonMonsori.ttf 파일을 더블 클릭해요.

**2** 글꼴 설치 대화상자가 나오면 <설치> 버튼을 클릭하여 글꼴을 설치해요. [글꼴 설치 중] 대화상자가 사라지면 종료(×) 단추를 눌러요.

## 02 그림판에서 이미지 편집하기

**1** [시작(⊞)]-모두-[그림판]을 클릭하여 실행한 후 [파일]-[열기]를 클릭해요.

2 [열기] 대화상자가 나오면 [06차시]-[실습파일] 폴더에서 **에펠탑.jpg**를 선택한 후 <열기> 버튼을 클릭해요.

3 에펠탑 사진이 열리면 상단 메뉴에서 [레이어(⊜)]를 클릭해요. 오른쪽에 레이어 창이 나오면 **새 레이어 만들기(⊕)**를 클릭해요.

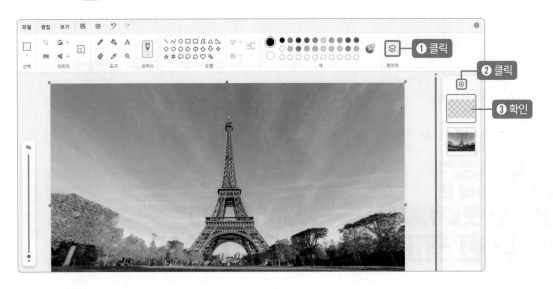

4 추가된 레이어에 이미지를 가져오기 위해 [파일]-[캔버스로 가져오기]-[파일에서]를 클릭한 후 **토퍼1.png**를 선택하고 <열기>를 클릭해요.

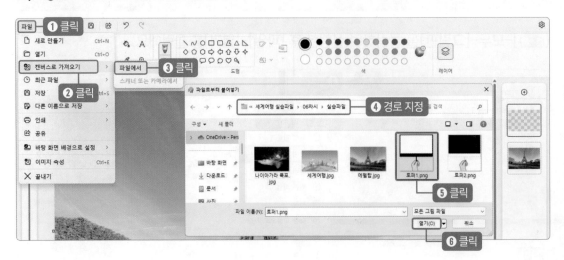

**5** 토퍼 이미지가 추가되면 마우스로 드래그하여 위치를 변경한 후 뒤쪽 배경 그림을 클릭해요.

**6** 가운데 흰색 부분이 포함되도록 마우스로 드래그한 후 [선택] 메뉴의 목록 단추( ⌄ )를 눌러 **선택 영역 투명하게**를 클릭해요.

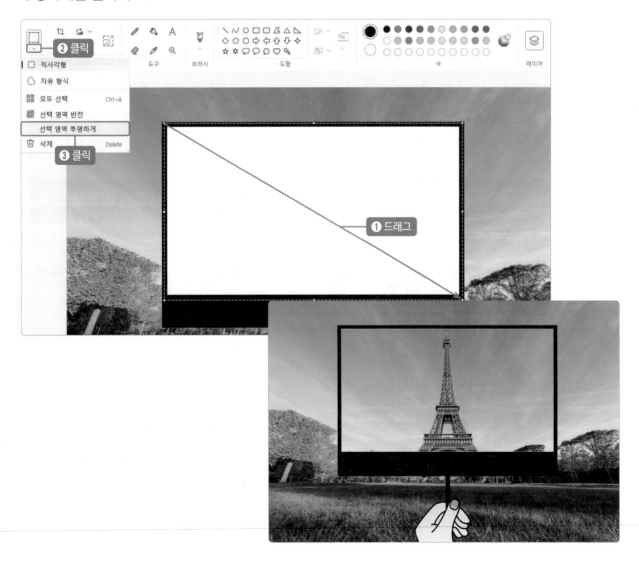

## 03 이미지에 텍스트 입력하기

**1** [도구] 메뉴에서 텍스트(A)를 선택한 후 **글꼴**(Tmon몬소리 Black), **글꼴 크기**(28), **굵게**, **글자색 (흰색)**를 지정해요.

**2** 토퍼 아래쪽 검은색 부분을 클릭한 후 **#프랑스 에펠탑**이라고 입력하고 위치를 변경해요.

### TIP

**글꼴 변경 및 위치 변경**

❶ 그림판 버그로 인하여 선택된 글꼴로 변경되지 않을 경우 텍스트 내용을 드래그하여 블록으로 지정한 후 글꼴 (Tmon몬소리 Black)을 변경하세요.

❷ 텍스트 상자의 테두리를 마우스로 드래그하면 위치를 변경할 수 있어요.

**3** 모든 작업이 끝나면 [파일]-[저장]을 클릭해요.

# 오늘의 미션

**1** 'SDSwagger.ttf' 서체를 설치한 후 그림판을 이용하여 토퍼를 만들어 보세요.

· 실습 파일 : SDSwagger.ttf, 나이아가라 폭포.jpg, 토퍼2.png　· 완성 파일 : 나이아가라 폭포 토퍼(완성).jpg

# 캐나다 나이아가라 폭포

## HINT

① [파일]-[열기] → 나이아가라 폭포.jpg

② 레이어 추가 → 새 레이어 만들기

③ [파일]-[캔버스로 가져오기] → 토퍼2.png → 위치 변경

④ 검정색 부분 드래그 → Delete

※ **선택 영역 투명하게** 기능은 배경이 흰색인 경우에만 적용되기 때문에 배경이 검정색인 토퍼2는
　 Delete 를 눌러 필요없는 부분을 삭제해야 해요.

⑤ 텍스트 → 글꼴(스웨거 TTF) → 글꼴 크기(28), 굵게, 글자색(검정)을 지정해요.

⑥ 내용 입력 후 텍스트 상자 위치 변경

# 번역 사이트로 외국인과 대화하기

다른 나라를 여행하기 위해서는 외국어를 잘 알아야 해요. 하지만 영어를 배운지 얼마 되지 않은 초롱이는 걱정이 이만저만이 아니에요. 다행히도 한글로 문장을 입력하면 영어, 스페인어, 중국어 등 다른 나라 언어로 번역해 주는 사이트가 있다는데, 다함께 알아볼까요?

♀ 파파고 사이트에 접속하여 원하는 언어로 번역할 수 있습니다.
♀ 프랑스 루브르 박물관 웹사이트를 통째로 번역할 수 있습니다.
♀ 구글 번역 사이트에 접속하여 원하는 언어로 번역할 수 있습니다

미리보기

✈ 실습 파일 : 없음   ✈ 완성 파일 : 없음

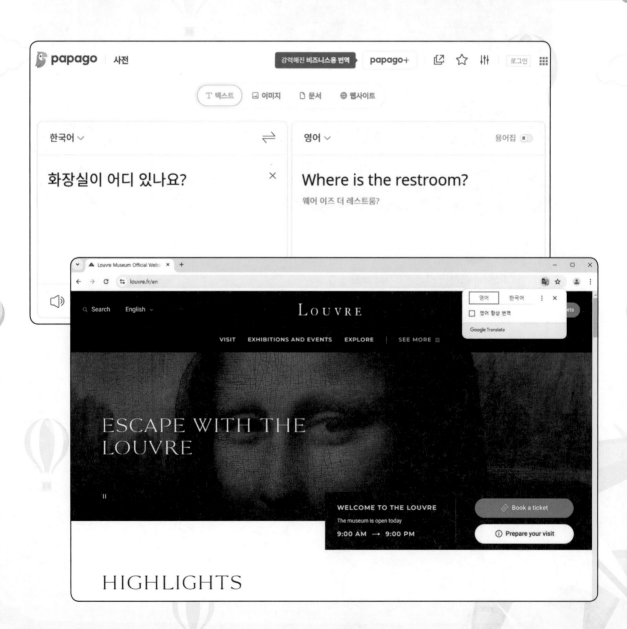

# 01 네이버 파파고로 번역하기

**1** 인터넷을 실행하여 검색 칸에 **네이버 파파고**를 입력한 후 Enter를 누르세요. 네이버 파파고가 검색되어 나오면 Papago를 클릭해요.

🌴 **TIP**

**인터넷 실행**

인터넷을 실행하기 위해서는 '마이크로소프트 엣지(◉)' 또는 '구글 크롬(◉)'을 실행하세요.

**2** 파파고 사이트가 열리면 왼쪽 입력 칸에 **화장실이 어디에 있나요?**라고 입력한 후 영어로 번역된 내용을 확인하세요.

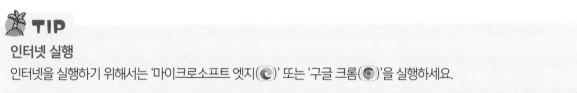

🌴 **TIP**

**문장 단어 확인 및 발음 듣기**

**3** 오른쪽 칸의 [영어]를 클릭한 후 다른 나라 언어로는 어떻게 번역되는지 발음을 듣고 적어보세요.

· 일본어 :

· 중국어(간체) :

· 스페인어 :

· 프랑스어 :

· 독일어 :

**4** 다음의 한국어 문장을 영어로 번역한 후 적어보세요.

· 뉴욕 호텔로 가는 공항버스는 어디에서 타나요?

· 체크인하고 싶어요.

· 여기까지 얼마나 걸리나요?

· 근처에 맛있는 음식점이 있나요?

· 입장료가 얼마인가요?

## 02 웹사이트 번역 및 구글 번역기 사용하기

**1** 구글 크롬(◎)을 실행한 후 검색 칸에 **루브르 박물관**을 입력하고 Enter 를 눌러요. 해당 박물관이 검색되어 나오면 **Le Louvre** 링크 주소를 클릭해요.

**2** 루브르 박물관 사이트가 열리면 우측 상단의 이 페이지 번역하기(🌐)를 **한국어**로 선택해요.

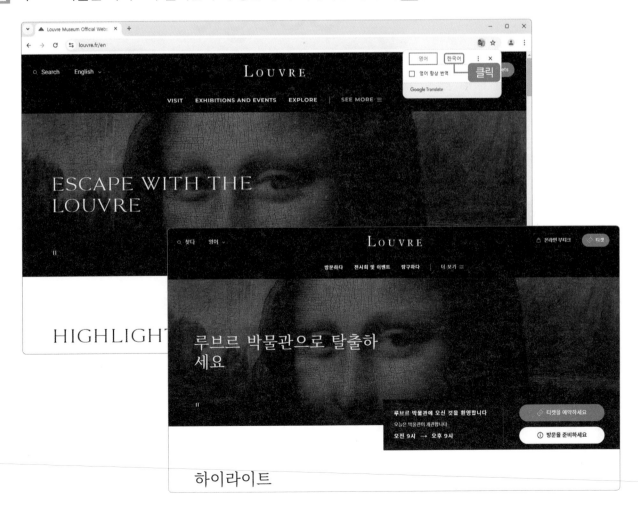

**3** 박물관 사이트가 번역되면 각각의 메뉴를 클릭하여 정보를 확인해요.

**4** 새 탭(+)을 누른 후 검색 칸에 **구글 번역**을 입력하고 Enter를 눌러요.

**5** 구글 번역기가 실행되면 **언어 전환**(↹)을 클릭한 후 왼쪽 입력 칸에 **화장실에 뜨거운 물이 나오지 않아요.**라고 입력하고 번역된 영어 문장을 확인해요.

**6** 오른쪽 [영어]를 클릭한 후 다른 나라 언어로 번역해 보세요.

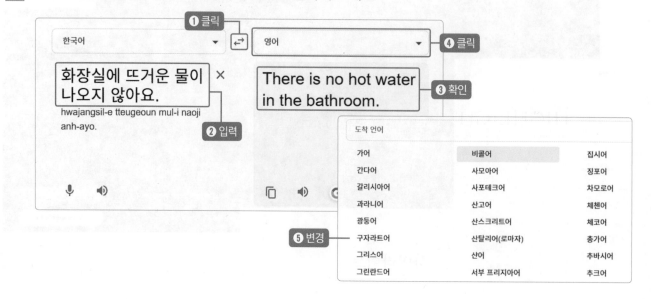

# 오늘의 미션

**1** 파파고 번역기를 이용하여 가로세로 낱말퀴즈를 풀어 보세요.

· 실습 파일 : 없음    · 완성 파일 : 낱말퀴즈(완성)

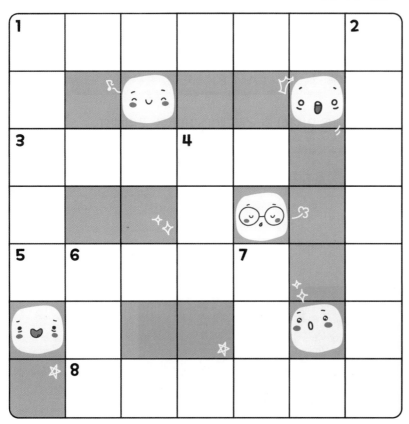

**가로**
❶ 눈썹
❸ 검은색
❺ 흰색
❽ 혀

**세로**
❶ 팔꿈치
❷ 환영하다
❹ 고양이
❻ 모자
❼ 달걀

**2** 구글 크롬에서 미국 자연사 박물관을 검색하여 해당 사이트(amnh.org)에 접속한 후 한국어로 번역하세요.

45

[액티비티 1]

# 구글 이스터 에그 즐기기

구글 크롬(Chrome)을 이용하여 크롬에 숨겨져 있는 재미있는 기능인 '이스트 에그(Easter Egg)'를 즐겨 보세요. 이스터 에그의 일반적인 뜻은 개발자가 무엇을 몰래 숨겨놓은 메시지를 의미하는데 구글 크롬을 이용하면 개발자들이 몰래 넣어둔 캐주얼한 게임을 즐길 수 있어요.

## 01 팩맨 게임하기

**1** 구글 크롬 검색 칸에 Google 팩맨을 입력한 후 <플레이> 버튼을 클릭해요.

**2** 키보드 방향키(↑, ↓, ←, →)로 유령들을 피해 쿠키를 먹어보세요. 팩맨이 유령에 닿으면 생명 1개가 줄어들어요.

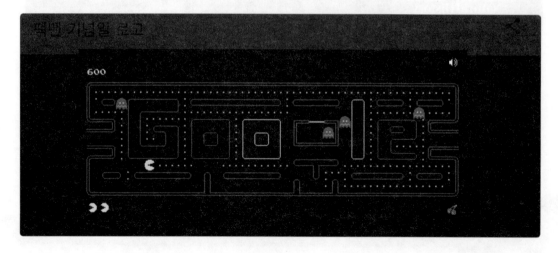

## 02 스네이크 게임하기

**1** 구글 크롬 검색 칸에 **Google 스네이크**를 입력한 후 <플레이> 버튼을 클릭해요.

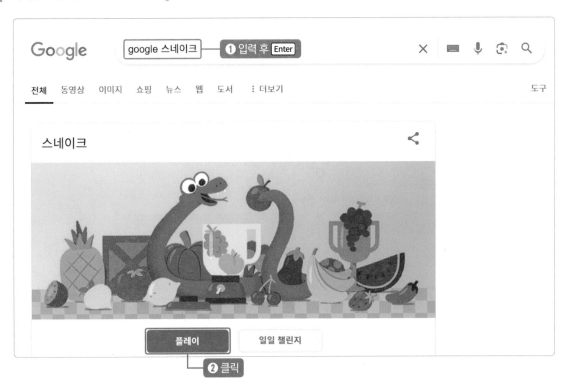

**2** 키보드 방향키(↑, ↓, ←, →)로 사과를 먹어보세요. 게임을 여러번 한 후 사과를 최대 몇 개까지 먹었는지 개수를 적어보세요.

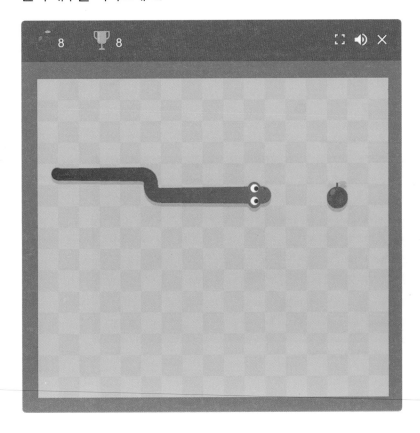

개

## 03 틱택토 게임하기

**1** 구글 크롬 검색 칸에 **Google 틱택토**를 입력한 후 게임 레벨을 선택해요.

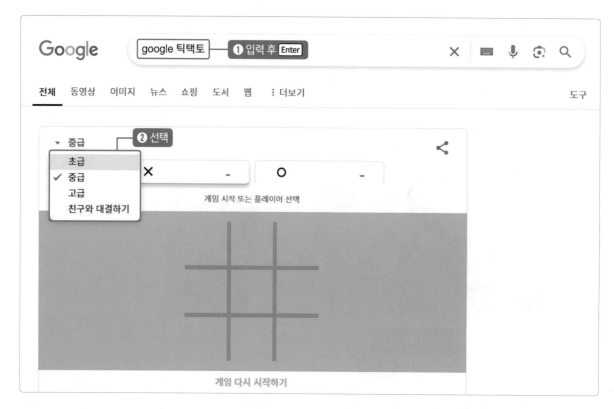

**2** 컴퓨터와 번갈아가며 같은 표시를 가로, 세로, 또는 대각선 방향으로 연결해 보세요. 실력이 늘면 레벨을 높이거나 친구와 대결해 보세요.

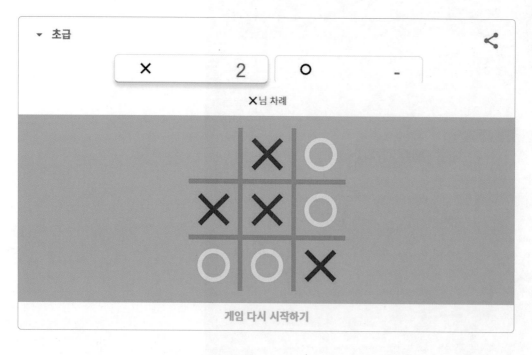

# 04 지구의 날 퀴즈

**1** 틱택토 화면 아래쪽의 목록 단추를 눌러 **지구의 날 퀴즈**를 선택해요.

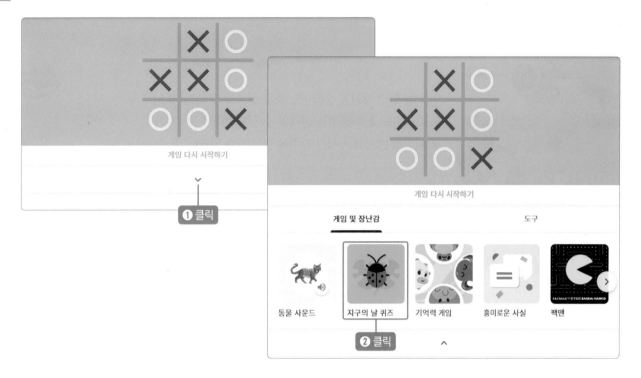

**2** 질문에 맞추어 답을 클릭한 후 마지막에 나는 어떤 동물인지 확인해 보세요.

# 시드니 오페라 하우스 배경 만들기

오스트레일리아를 다녀온 초롱이는 시드니 오페라 하우스가 매우 인상적이었어요. 그래서 컴퓨터 바탕 화면 배경을 오페라 하우스 사진으로 바꾸고 싶은데, 사진 하나만 계속 보면 지겨울 것 같아요. 여러 장의 사진이 정해진 시간이 지나면 자동으로 바뀌게 만들어 볼까요?

**학습목표**

♥ 바탕 화면 배경을 슬라이드 쇼로 설정할 수 있습니다.
♥ 슬라이드 쇼용 앨범을 선택할 수 있습니다.
♥ 사진이 변경되는 시간 간격을 설정할 수 있습니다.

**미리보기**

✈ 실습 파일 : [시드니 오페라 하우스] 폴더    ✈ 완성 파일 : 없음

## 01 오스트레일리아에 대해서 알아볼까요?

· 수도 :

· 유명한 곳 :

· 음식 : 캥거루 스테이크

· 인사말 : 헬로우, 굿다이 마잇

## 02 바탕 화면 배경 지정하기

**1** 바탕 화면의 빈 곳에서 마우스 오른쪽 버튼을 눌러 [개인 설정]을 클릭해요.

**2** [개인 설정] 창이 나오면 **배경**을 선택한 후 사진을 클릭하여 **슬라이드 쇼**를 선택해요.

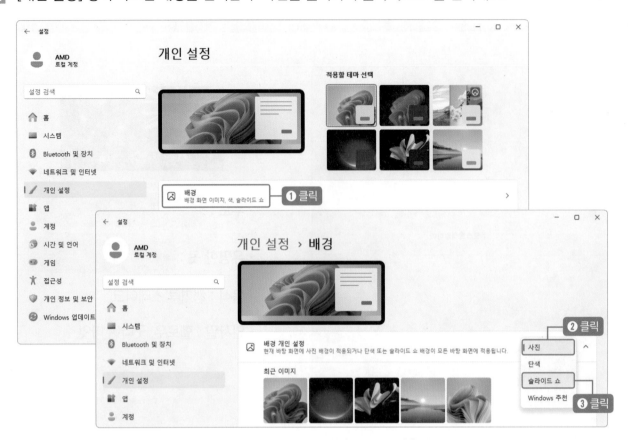

**3** 슬라이드 쇼 사진 앨범 선택에서 **<찾아보기>** 버튼을 클릭해요. [폴더 선택] 대화상자가 나오면 [09차시]-[실습파일]-[시드니 오페라 하우스] 폴더를 선택한 후 **<이 폴더 선택>** 버튼을 클릭해요.

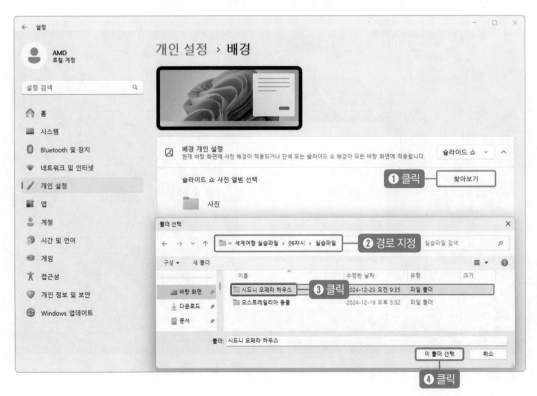

**4** 다음 간격마다 사진 변경의 시간을 클릭하여 **1분**으로 선택한 후 <닫기( × )> 버튼을 클릭해요.

**5** 첫 번째 사진이 바탕 화면 배경으로 지정돼요. 석양에 물든 시드니 오페라 하우스가 정말 아름답죠?

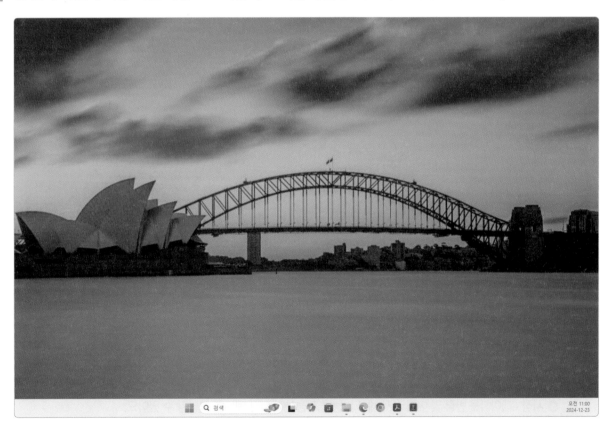

**6** 지정된 시간인 1분이 지날 때마다 바탕 화면 배경이 변경되는 것을 확인해요.

**TIP**

**개인 설정 주요 핵심 기능**

**① 색**
- 모드 선택 : Windows 및 앱의 색상을 '밝은 색' 또는 '어두운 색'으로 변경할 수 있어요.
- 투명 효과 : 창 및 작업 표시줄을 '반투명'으로 표시할 수 있어요.

**② 테마**
- 현재 테마 : '배경 화면, 소리, 앱' 등을 지정된 테마에 맞추어 한 번에 변경할 수 있어요.
- 바탕 화면 아이콘 설정 : 바탕화면에 표시되는 아이콘을 지정할 수 있어요.

**③ 잠금 화면**
- 잠금 화면 개인 설정 : 사진, 슬라이드 쇼 등을 잠금 화면으로 설정할 수 있어요.
- 화면 시간 제한 : 화면 및 절전 시간을 설정할 수 있어요.

**④ 시작** : 레이아웃 변경 및 여러 가지 세부 기능을 지정하여 시작 메뉴를 설정할 수 있어요.

**⑤ 작업 표시줄**
- 작업 표시줄 항목 : 검색, 작업 보기, 위젯 등을 설정할 수 있어요.
- 작업 표시줄 동작 : 작업 표시줄 동작(자동 숨기기, 배지 표시 등)에 대한 세부 항목을 설정할 수 있어요.

**⑥ 글꼴** : 새로운 글꼴을 설치하거나 Windows에 설치된 글꼴을 확인할 수 있어요.

# 오늘의 미션

**1** 오스트레일리아에는 신기한 동물들이 많이 살고 있어요. 동물들의 사진을 보고 이름을 채워보세요.

왈 ㄹ 비

오 ㄹ ㄴ ㄱ 리

ㅇ 뮤

ㄱ ㅅ 두 더 지

**2** 바탕 화면 배경을 [09차시]-[실습파일]-[오스트레일리아 동물] 폴더의 사진들로 '슬라이드 쇼'를 설정해 보세요.

• 실습 파일 : [오스트레일리아 동물] 폴더

# 특명! 자유의 여신상을 조립하라!

미국 뉴욕의 리버티 섬에 있는 자유의 여신상은 프랑스가 1886년에 미국의 독립 100주년을 기념하여 선물한 조각상이에요. 프랑스에서 만든 자유의 여신상을 214개의 조각으로 분리하여 미국까지 옮긴 후 조립했다는데, 우리도 자유의 여신상을 분리하여 조립해 볼까요?

📍 직소퍼즐 익스플로러 사이트에 접속할 수 있습니다.
📍 이미지를 불러와 퍼즐 조각 수를 설정하고 섞을 수 있습니다.
📍 여러 조각의 퍼즐을 맞출 수 있습니다.

실습 파일 : 자유의 여신상.jpg, 뉴욕.jpg    ✈ 완성 파일 : 없음

# 01 미국에 대해서 알아볼까요?

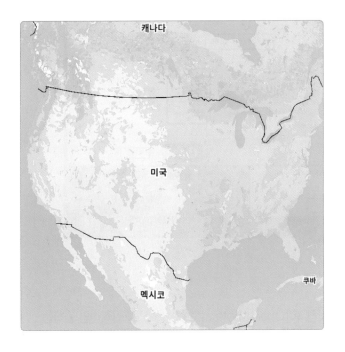

- 수도 :

- 유명한 곳 :

- 음식 : 햄버거, 핫도그

- 인사말 : 헬로우

# 02 자유의 여신상을 퍼즐로 만들어 조립하기

**1** 구글 크롬(◎)을 실행한 후 검색 칸에 **직소퍼즐 익스플로러**를 입력하고 [Enter]를 눌러요. 직소퍼즐이 검색되어 나오면 Jigsaw Explorer 링크 주소를 클릭해요.

**2** 언어를 **한국어**로 변경한 후 스크롤 바를 아래로 내려서 **자신의 사진을 재생하거나 저장된 퍼즐을 계속 하십시오**를 클릭해요.

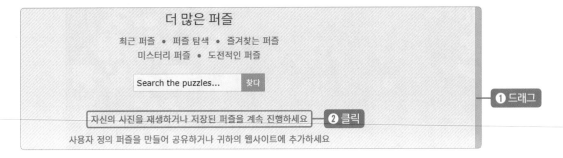

**3** [불러오기] 대화상자에서 <Open...> 버튼을 클릭해요. [열기] 대화상자가 나오면 [10차시]-[실습파일]에서 **자유의 여신상.jpg** 파일을 선택한 후 <열기> 버튼을 클릭해요.

🌴 **TIP**

**메뉴 이용**

왼쪽 상단의 메뉴 아이콘(☰)에 마우스 포인터를 위치시킨 후 [Open photo as a puzzle...]을 클릭하면 원하는 이미지를 불러올 수 있어요.

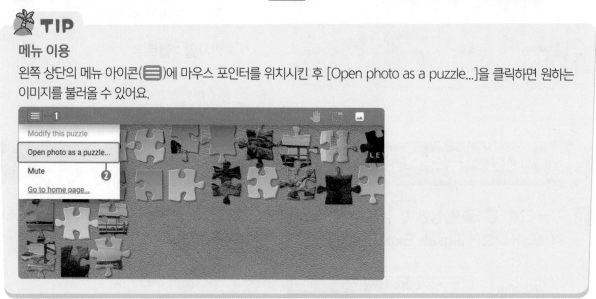

**4** 퍼즐 조각 개수 아이콘(⊞)을 클릭하여 16을 선택한 후 ⸢ OK ⸥를 클릭해요.

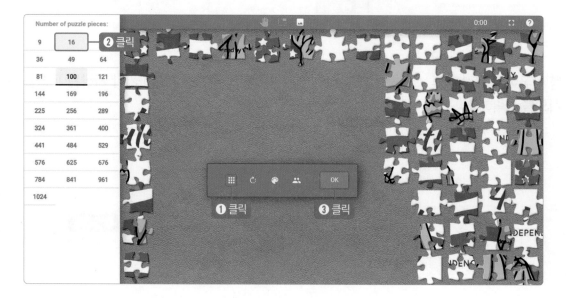

5  마우스 왼쪽 버튼을 누른 채 퍼즐 조각을 드래그하여 각각의 조각을 맞춰보세요.

6  퍼즐을 모두 맞추면 환호 장면과 함께 게임 시간이 나와요. 시간이 얼마나 걸렸는지 적어보세요

분          초

## 03 뉴욕 사진을 퍼즐로 만들어 조립하기

**1** 메뉴 아이콘(☰)에 마우스 포인터를 위치시킨 후 [Open photo as a puzzle...]을 클릭해요.

**2** [열기] 대화상자가 나오면 [10차시]-[실습파일] 폴더의 **뉴욕.jpg** 파일을 불러와 퍼즐 조각 개수를 24로 선택해요.

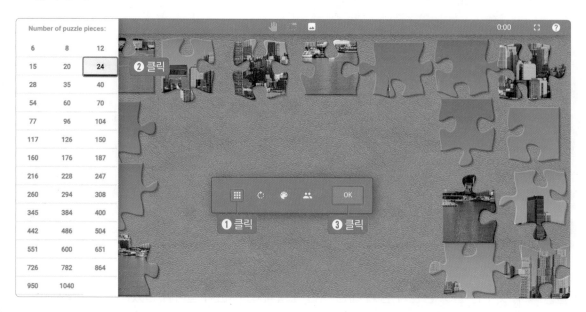

**3** 마우스 왼쪽 버튼을 누른 채 퍼즐 조각을 드래그하여 각각의 조각을 맞춰보세요. 퍼즐을 모두 맞추고 나면 시간이 얼마나 걸렸는지 적어보세요.

분          초

# 오늘의 미션

**1** 구글 크롬에서 "국토지리정보원 지도게임"을 검색한 후 '지도게임'을 클릭하여 해당 사이트로 이동해요. 여러 나라가 나오면 [USA]를 선택하여 퍼즐을 맞춰보세요.

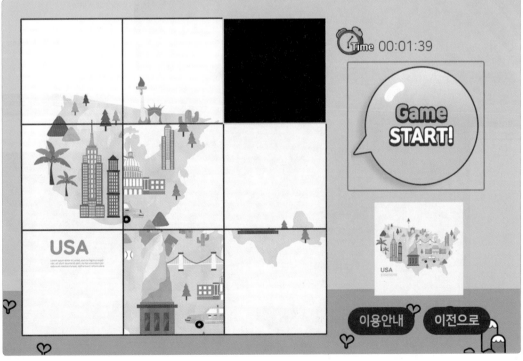

# 구글 어스로 파리 에펠탑 관광하기

구글 어스(Google Earth)는 구글에서 만든 디지털 영상 지도 서비스로 지도나 위성 이미지뿐만 아니라 3D 건물 정보 등 다양한 서비스를 제공해요. 초롱이와 함께 구글 어스로 프랑스 파리에 있는 에펠탑을 관광해 볼까요?

📍 구글 어스에 접속할 수 있습니다.
📍 원하는 곳(예 : 에펠탑)을 찾아서 감상할 수 있습니다.
📍 스트리트 뷰로 걸으면서 주변을 관광할 수 있습니다.

✈ 실습 파일 : 없음   ✈ 완성 파일 : 없음

# 01 프랑스에 대해서 알아볼까요?

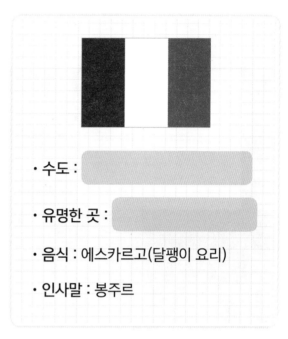

- 수도 :
- 유명한 곳 :
- 음식 : 에스카르고(달팽이 요리)
- 인사말 : 봉주르

# 02 구글 어스 실행하기

**1** 구글 크롬(○)을 실행한 후 검색 칸에 **구글어스**를 입력하고 Enter 를 눌러요. 구글 어스가 검색되어 나오면 Google 어스 링크 주소를 클릭해요.

**2** 구글 어스 사이트가 열리면 어스실행 버튼을 클릭해요.

1 왼쪽 상단 검색 칸에 **에펠탑**을 입력한 후 [프랑스 파리, Avenue Gustave Eiffel, 에펠탑]을 클릭해요.

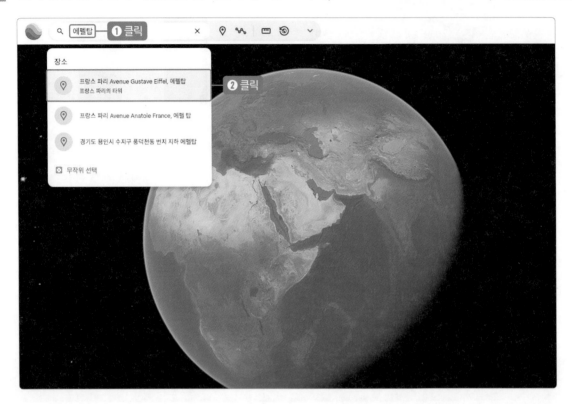

2 에펠탑이 나타나면 지식 카드를 클릭해 정보를 확인한 후 종료 단추(⊠)를 클릭해요. 이어서, 오른쪽 아래 🔳 아이콘을 클릭해요.

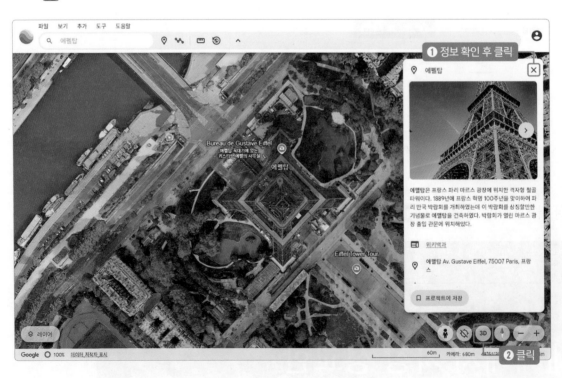

**3** 구글 어스가 3D로 변경되면 다양한 방법으로 움직여서 에펠탑 주변을 확인해 보세요.

· 위치 이동하기 : 마우스를 드래그해요.

· 확대/축소하기 : 마우스 휠을 위-아래로 굴려요.

· 내 위치 둘러보기 : Ctrl을 누른 채 드래그해요.

· 회전 및 기울이기 : Shift를 누른 채 드래그해요.

 **04 스트리트 뷰로 걸으면서 관광하기**

**1** 지도를 확대한 후 오른쪽 아래 **스트리트 뷰 보기(👤)** 아이콘을 클릭해요. 파란색 실선이 나타나면 원하는 도로를 클릭해요.

**2** 스트리트 뷰가 실행되면 길에 표시된 방향 표시 클릭하여 에펠탑 주변을 확인해 보세요.

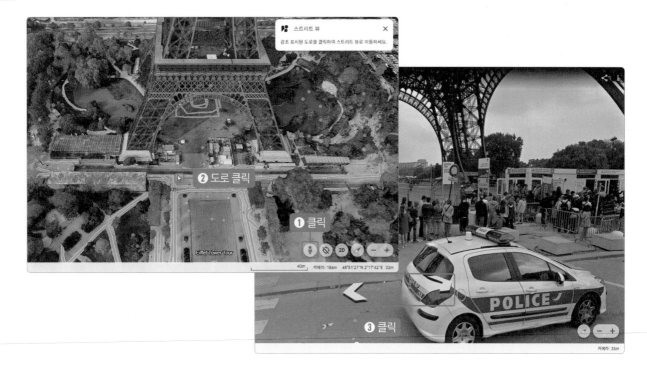

**1** 왼쪽 상단의 **스트리트 뷰 종료하기(←)**를 클릭한 후 [보기]-[과거 이미지]를 선택해요.

**2** 위쪽 상단에 타임 바가 나타나면 **이전 이미지 보기(‹)**를 클릭하여 과거로 떠나보세요.

# 오늘의 미션

**1** 구글 어스에서 '루브르 박물관'을 검색하여 정보도 확인하고 스트리트 뷰로 곳곳을 둘러 보세요.

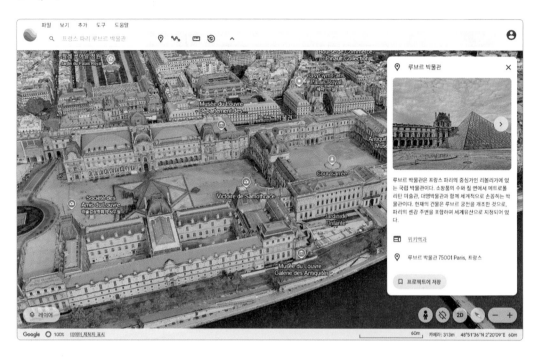

**2** 구글 어스에서 '베르사유 궁전'을 검색하여 정보도 확인하고 스트리트 뷰로 곳곳을 둘러 보세요.

# 12차시 그림판으로 영국 국기 그리기

영국은 잉글랜드, 스코틀랜드, 북아일랜드, 웨일스 4개 지역이 합쳐진 연합 왕국이에요. 그래서 영국 국기는 여러 나라를 상징하고 있으며, 영국 국기를 유니언 잭(Union Jack)이라고 해요. 그림판을 이용하여 영국 국기를 함께 그려 볼까요?

♥ 그림을 불러와 레이어를 복제할 수 있습니다.
♥ 색을 지정하고 색 채우기를 할 수 있습니다.
♥ 작성한 그림을 이미지 파일로 저장할 수 있습니다.

✈ 실습 파일 : 영국-국기.png    ✈ 완성 파일 : 영국-국기(완성).jpg

# 01 영국에 대해서 알아볼까요?

- 수도 :

- 유명한 곳 :

- 음식 : 피쉬 앤 칩스

- 인사말 : 헬로우, 하이야

# 02 그림판으로 이미지 파일 불러오기

**1** [시작(■)]-모두-**[그림판]**을 클릭하여 실행한 후 [파일]-[열기]를 클릭해요.

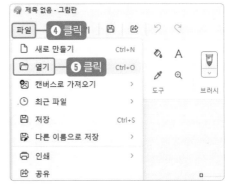

**2** [열기] 대화상자가 나오면 [12차시]-[실습파일] 폴더에서 **영국-국기.png**를 더블 클릭해요.

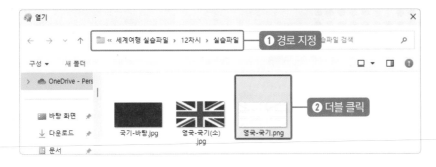

**1** 그림이 열리면 상단 메뉴에서 [레이어(◈)]를 클릭해요. 오른쪽에 레이어 창이 나오면 레이어 위에서 마우스 오른쪽 버튼을 눌러 [레이어 복제하기]를 클릭해요.

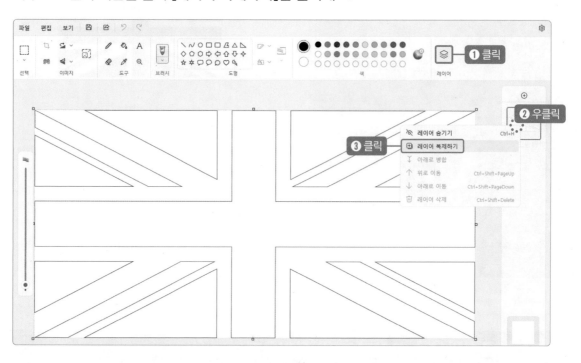

**2** 레이어가 복제되면 [도구] 메뉴에서 **채우기(◈)**를 선택한 후 **색 편집(◉)**을 클릭해요.

**3** [색 편집] 대화상자가 나오면 **빨강(207), 녹색(20), 파랑(43)**을 입력한 후 <확인> 버튼을 클릭해요.

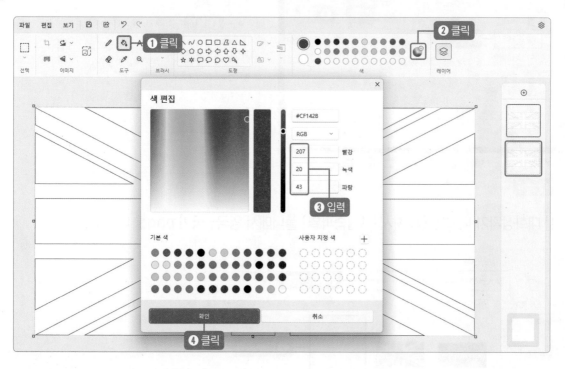

**4** 빨강 테두리 영역의 안쪽을 차례대로 클릭하여 지정한 색으로 채워요.

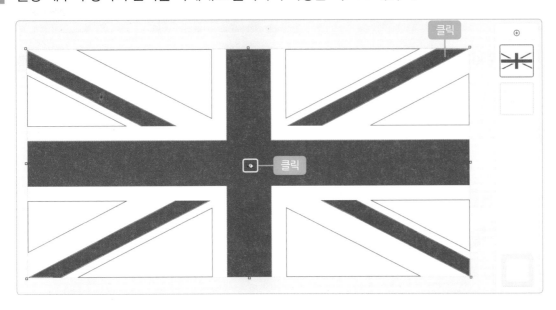

**5** 첫 번째 레이어를 숨긴 후 **두 번째 레이어**를 선택하여 같은 방법으로 파랑 테두리 영역에 색을 채워요. 단, 채우기 색은 **빨강(0)**, **녹색(36)**, **파랑(125)**으로 변경하세요.

🌴 **TIP**

**레이어 숨기기 및 표시**

❶ 레이어 화면 우측 상단에 있는 **눈 모양(👁)**을 클릭하면 선택된 레이어를 숨길 수 있어요.
❷ 숨겨진 레이어 화면 우측 상단에 있는 **눈 모양(👁)**을 클릭하면 레이어를 표시 할 수 있어요.

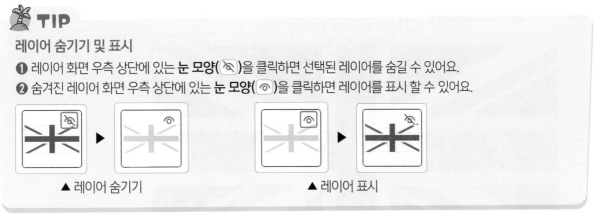

▲ 레이어 숨기기　　　　　　　　▲ 레이어 표시

**1** 숨겨진 첫 번째 레이어를 표시한 후 [선택] 메뉴의 목록 단추(⬇)를 눌러 **선택 영역 투명하게**를 클릭해요.

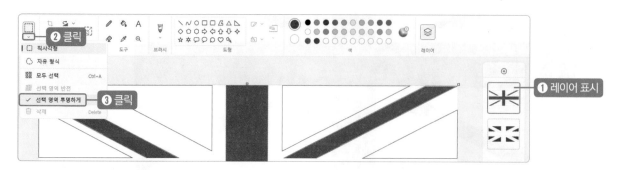

**2** [선택] 메뉴가 **직사각형**(□)으로 선택된 상태에서 조절점(🔲)을 피해 대각선 방향으로 드래그 해요.

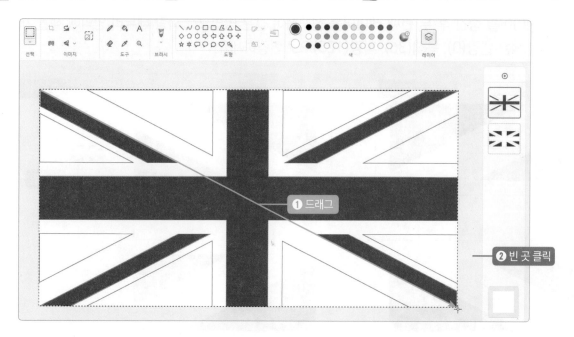

**3** 영국 국기가 완성되면 [파일]-[저장]을 클릭해요.

# 오늘의 미션

**1** 뉴질랜드 국기에는 영국 국기가 포함되어 있어요. 주어진 힌트를 참고하여 뉴질랜드 국기를 그려 보세요.

· 실습 파일 : 국기-바탕.jpg, 영국-국기(소).jpg    · 완성 파일 : 뉴질랜드-국기(완성).jpg

**뉴질랜드 국기**

· 뉴질랜드는 오스트레일리아(호주)의 오른쪽 아래에 있는 섬나라에요.

· 왼쪽 위의 영국 국기는 뉴질랜드가 영국 연방에 속해 있다는 것을 나타내요.

· 진한 파랑 바탕은 남태평양을 나타내요.

· 흰색 테두리를 두른 빨간색 별 4개는 남십자성을 나타내요.

· 오스트레일리아 국기도 뉴질랜드 국기와 비슷해요.

## HINT

① 그림판에서 **국기-바탕.jpg** 파일을 열고 [레이어(⬙)]-새 레이어 만들기(⊕)를 클릭해요.

② [파일]-[캔버스로 가져오기]-[파일에서]를 클릭한 후 **영국-국기(소).jpg** 파일을 불러와요.

③ [도형] 메뉴에서 5점 별(☆)을 선택한 후 선의 크기(▣)를 3pt로 변경하고, 색을 **흰색**(◯)으로 지정해요.

④ Shift 를 누른 채 크기가 다른 4개의 별을 그려요.

⑤ [도구] 메뉴에서 **채우기**(🪣)를 선택한 후 색을 **빨강(207), 녹색(20), 파랑(43)**으로 지정해요.

⑥ 4개의 별 안쪽을 클릭하여 색을 채우세요.

# 네팔의 에베레스트산은 얼마나 높을까?

네팔에 도착한 초롱이는 지구에서 가장 높은 산인 에베레스트산에 갔어요. 에베레스트산의 높이가 8,848m라고 하는데, 산의 높이가 가늠이 안 되었어요. 에베레스트산이 얼마나 높은지 한라산, 백두산, 후지산, 킬리만자로산, 안나푸르나산 등과 비교해 볼까요?

학습목표
📍 파워포인트를 실행하여 파일을 열 수 있습니다.
📍 그림을 삽입하여 크기와 위치를 조절할 수 있습니다.
📍 그림을 뒤로 보낼 수 있습니다.

미리보기

✈ 실습 파일 : 네팔-에베레스트.pptx    ✈ 완성 파일 : 네팔-에베레스트(완성).pptx

## 01  네팔에 대해서 알아볼까요?

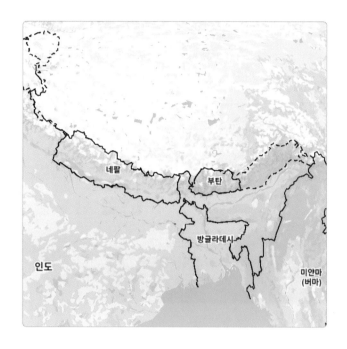

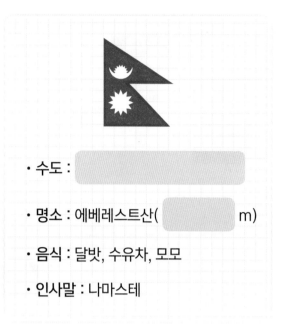

- 수도 : 
- 명소 : 에베레스트산(          m)
- 음식 : 달밧, 수유차, 모모
- 인사말 : 나마스테

## 02  파워포인트에서 이미지를 삽입한 후 크기와 위치 변경하기

1  [시작(■)]-모두- [PowerPoint] 를 클릭하여 파워포인트를 실행한 후 **[열기]-[찾아보기]**를 선택해요.

2  [열기] 대화상자에서 [13차시]-[실습파일] 폴더의 **네팔-에베레스트.pptx** 파일을 더블 클릭해요.

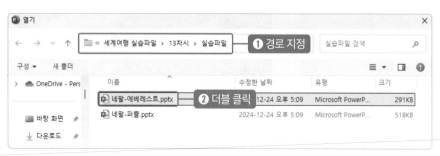

3 [삽입] 탭에서 [그림( )]-[**이 디바이스...**]를 클릭해요. [그림 삽입] 대화상자가 나오면 [13차시]-[실습파일] 폴더에서 **한라산(1950).png** 파일을 선택한 후 <삽입>을 클릭해요.

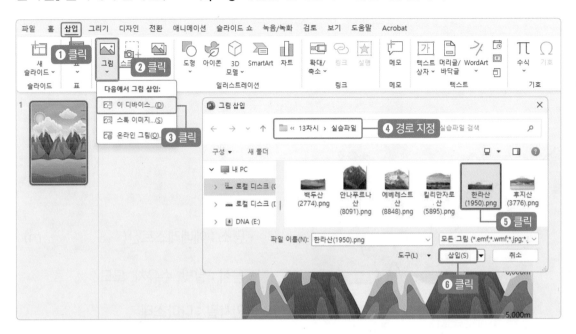

4 삽입된 그림을 드래그하여 한라산 윗부분을 **1950m** 높이에 맞춘 후 오른쪽 아래 조절점을 드래그하여 그림의 크기를 변경해요.

**5** 같은 방법으로 **백두산(2774).png** 파일을 삽입하여 위치와 크기를 조절한 후 마우스 오른쪽 버튼을 눌러 [맨 뒤로 보내기]를 클릭해요.

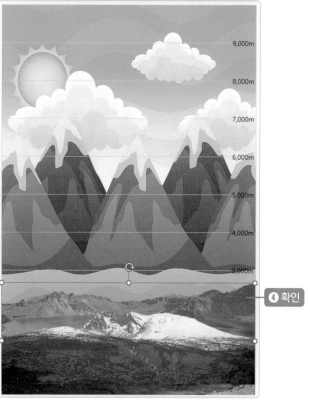

**6** **후지산(3776).png** 파일을 삽입하여 위치와 크기를 조절한 후 맨 뒤로 보내요.

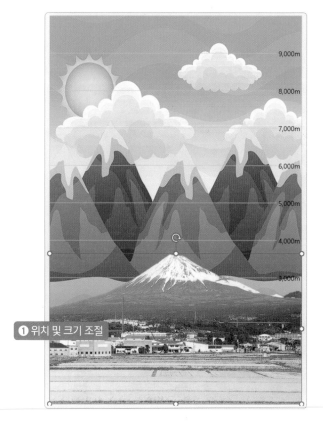

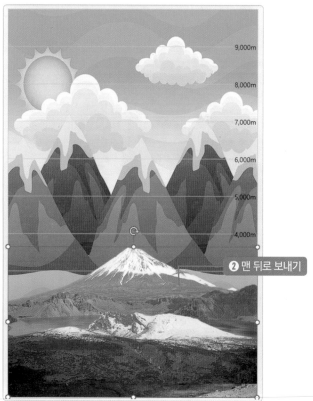

**7** **킬리만자로산(5895).png** 파일을 삽입하여 위치와 크기를 조절한 후 맨 뒤로 보내요.

위치 및 크기 조절

❷ 맨 뒤로 보내기

**8** **안나푸르나산(8091).png**와 **에베레스트산(8848).png** 파일을 삽입하여 위치와 크기를 조절한 후 맨 뒤로 보내면 에베레스트산이 얼마나 높은지 알 수 있어요.

▲ 안나푸르나(8091미터)

▲ 에베레스트(8848미터)

# 오늘의 미션

**1** 구글 크롬(◉)을 실행하여 구글 어스에 접속한 후 '에베레스트산'을 3D로 관찰해 보세요.

**2** [13차시]-[실습파일] 폴더의 '네팔-퍼즐.pptx' 파일을 열어 네팔 지도를 완성해 보세요.

· 실습 파일 : 네팔-퍼즐.pptx    · 완성 파일 : 네팔-퍼즐(완성).pptx

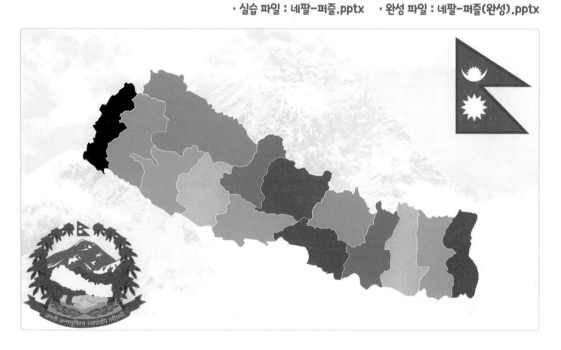

# 이탈리아에서 피사의 사탑 인증샷 찍기

이탈리아 피사시에는 기울어진 탑인 피사의 사탑이 있어요. 갈릴레이의 낙하 실험으로도 유명한데, 이곳을 다녀가면 꼭 찍는 인증샷이 있어요. 기울어진 피사의 사탑을 떠받치고 있는 듯한 사진인데요. 파워포인트의 배경 제거 기능을 활용하여 피사의 사탑 인증샷을 찍어볼까요?

- ♥ 파워포인트를 실행하여 그림을 삽입할 수 있습니다.
- ♥ 그림의 배경을 제거할 수 있습니다.
- ♥ 사진을 합성할 수 있습니다.

✈ 실습 파일 : 피사의 사탑.pptx, 내모습.jpg    ✈ 완성 파일 : 피사의 사탑(완성).pptx

# 01 이탈리아에 대해서 알아볼까요?

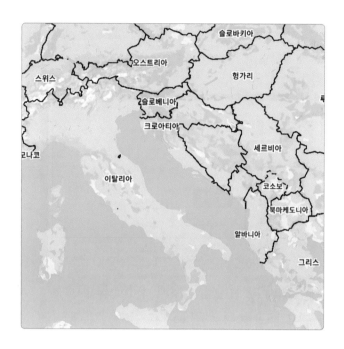

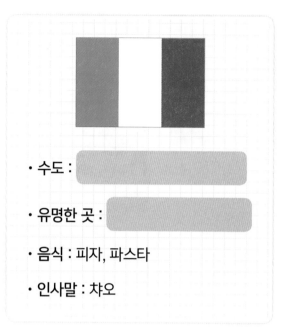

- 수도 :
- 유명한 곳 :
- 음식 : 피자, 파스타
- 인사말 : 챠오

# 02 파워포인트에서 이미지를 삽입한 후 좌우대칭 하기

**1** [시작(⊞)]-모두- ![PowerPoint] 를 클릭하여 파워포인트를 실행한 후 [열기]-[찾아보기]를 선택해요.

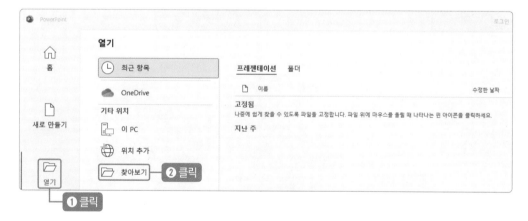

**2** [열기] 대화상자에서 [14차시]-[실습파일] 폴더의 **피사의 사탑.pptx** 파일을 더블 클릭해요.

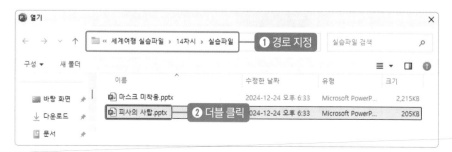

3  [삽입] 탭에서 [그림()]-[이 디바이스...]를 클릭해요. [그림 삽입] 대화상자가 나오면 [14차시]-
   [실습파일] 폴더에서 **내모습.jpg** 파일을 선택한 후 <삽입>을 클릭해요.

4  삽입된 그림을 좌우 대칭시키기 위하여 [그림 서식] 탭에서 [회전(□)]-[좌우 대칭]을 클릭해요.

## 03 그림 배경 제거하기

**1** 그림의 배경을 제거하기 위해 [그림 서식] 탭에서 **[배경 제거( )]**를 클릭해요.

**2** 배경 제거 화면으로 전환되면 [배경 제거] 탭에서 **[제거할 영역 표시( )]**를 클릭해요. 마우스 포인터
가 변경( )되면 제거할 영역을 드래그하여 추가해요.

### TIP

**그림 배경 제거하기**

❶ 배경 제거 기능을 선택하면 인물 주변의 배경이 자주색으로 변경돼요. 자주색으로 표시되는 영역은 배경이 제거
 될 부분으로 필요에 따라서 영역을 추가하거나 제거해야 해요.

❷ **제거할 영역 표시( )** : 투명하게 처리할 영역을 마우스로 드래그하여 추가할 수 있어요.

❸ **보관할 영역 표시( )** : 투명하게 처리된 영역(자주색)을 마우스로 드래그하여 해제할 수 있어요. 단, 투명하게
  처리된 영역을 해제하다 보면 새로운 영역이 투명 영역으로 지정될 수 있어요. 새로운 투
  명 영역이 추가되면 해당 영역도 해제해 주세요.

**3** 보라색 투명 영역을 해제하기 위해 [배경 제거] 탭에서 **[보관할 영역 표시(⊕)]**를 클릭해요. 마우스 포인터가 변경되면 해제할 영역을 드래그 또는 클릭한 후 Esc를 눌러요.

**4** 배경이 투명하게 변경되면 조절점을 드래그 하여 크기를 조절한 후 피사의 사탑에 맞추어 위치를 변경해요.

## 14 차시
# 오늘의 미션

**1** '안경'과 '마스크' 그림을 삽입하여 배경을 제거한 후에 얼굴에 맞게 씌워주세요.

· 실습 파일 : 안경과 마스크.pptx, 마스크.jpg, 안경.jpg　　· 완성 파일 : 안경과 마스크(완성).pptx

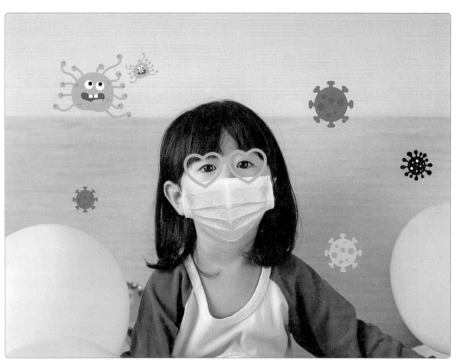

# 인공지능으로 브라질 아마존 동물 그리기

초롱이는 브라질 아마존 밀림에서 보았던 동물들을 그림으로 그려보고 싶었지만, 그림 실력이
부족해서 고민이에요. 그런데 그림을 대충 그려도 인공지능이 알아서 예쁜 그림으로 바꿔준다
고 하는데, 다 같이 인공지능으로 아마존 동물을 그려볼까요?

♥ 오토드로우(AutoDraw) 사이트에 접속할 수 있습니다.
♥ 그리기 색을 변경하고 원하는 색으로 채울 수 있습니다.
♥ 인공지능이 이해한 그림을 이미지 파일로 저장할 수 있습니다.

미리보기

✈ 실습 파일 : 없음    ✈ 완성 파일 : autodraw.png

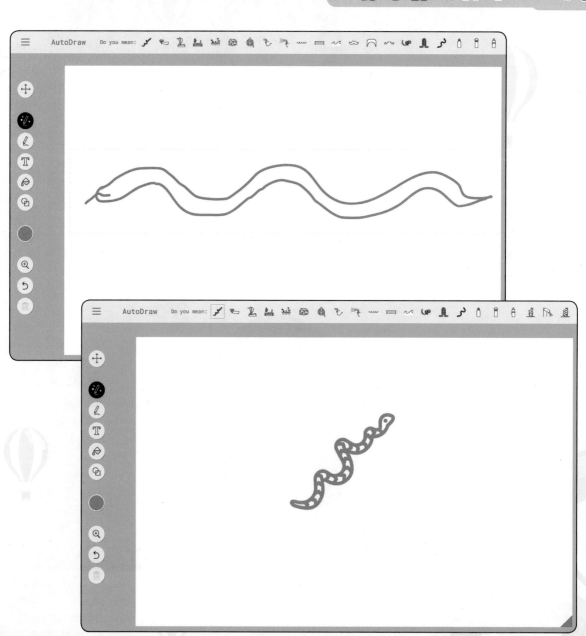

# 01 브라질에 대해서 알아볼까요?

- 수도 :
- 유명한 곳 :
- 음식 : 피이조아다, 빠스텔
- 인사말 : 올라

# 02 오토드로우 사이트 접속하기

**1** 구글 크롬(◉)을 실행한 후 검색 칸에 **오토드로우**를 입력하고 [Enter]를 눌러요. 오토드로우가 검색되어 나오면 AutoDraw 링크 주소를 클릭해요.

**2** AutoDraw 사이트가 열리면 언어를 번역하지 않은 영문 상태로 <Start Drawing> 버튼을 클릭해요.

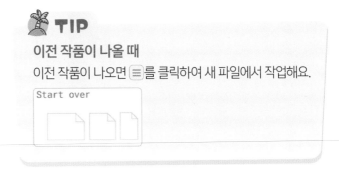

🌴 **TIP**

**이전 작품이 나올 때**
이전 작품이 나오면 ≡를 클릭하여 새 파일에서 작업해요.

Start over

**1** 마우스를 드래그하여 **아나콘다** 모양을 그려보세요.

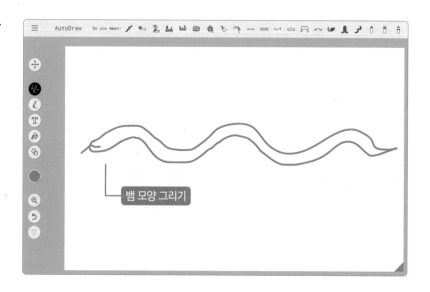

뱀 모양 그리기

**2** 여러분이 그린 그림을 인공지능 이 해석하여 관련된 그림들을 위쪽에 작은 그림으로 보여주는데 그중에서 **뱀** 그림을 클릭하면 그림이 변경돼요.

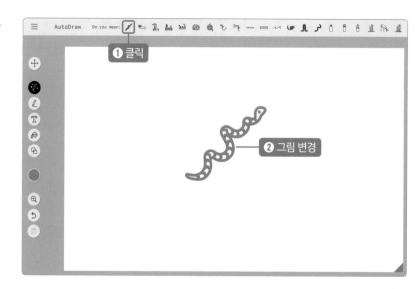

① 클릭

② 그림 변경

**3** **선택 아이콘(⊕)**을 클릭하여 뱀 그림을 선택한 후 Delete 를 눌러 삭제해요.

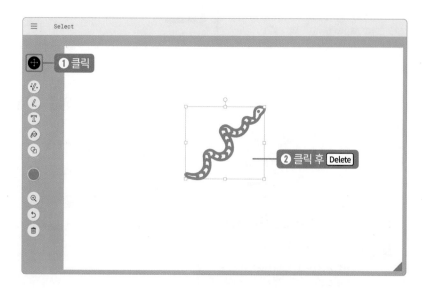

① 클릭

② 클릭 후 Delete

**4** **자동 그리기 아이콘(**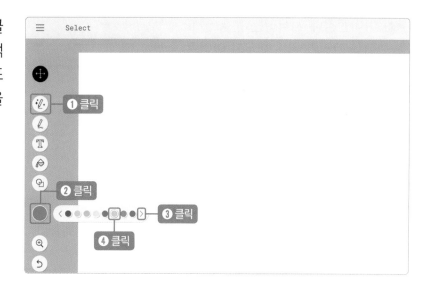**)을 클**
릭한 후 선 색을 바꾸기 위해 색
상 아이콘(⬤)의 오른쪽 화살표
(〉)를 클릭하여 **연한 보라색**을
선택해요.

**5** 색상이 변경되면 돌고래 모양을
그려보세요.

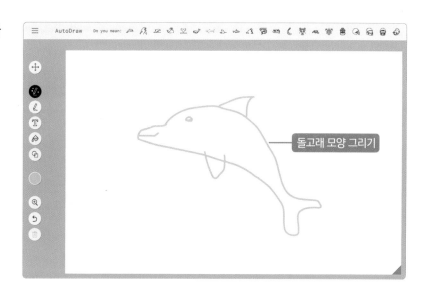

**6** 인공지능이 이해한 작은 그림 중
에서 첫 번째 **돌고래** 그림을 클릭
해요.

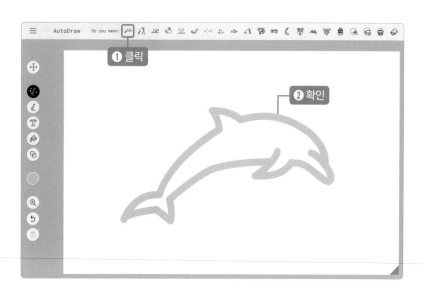

**7** 아마존강에 서식하는 분홍 돌고래를 그리기 위해 **채우기 아이콘**(⬭)을 선택한 후 그림 안쪽을 클릭하여 색을 채워 보세요.

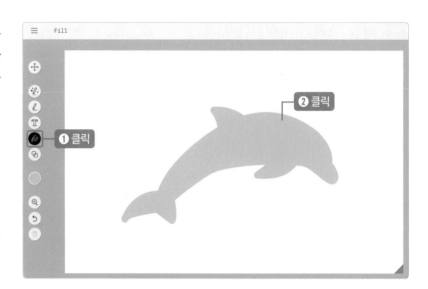

**04** 이미지 파일로 저장하기

**1** 메뉴(☰)-[Download]를 클릭하세요. 이미지가 다운로드되면 **열기**(☒)를 클릭해요.

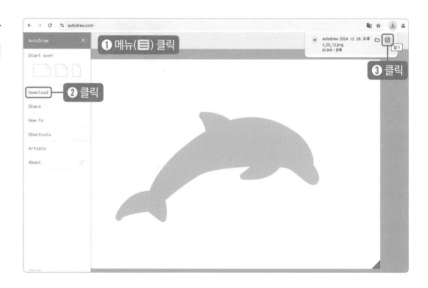

**2** 이미지 파일로 저정된 것을 확인해요.

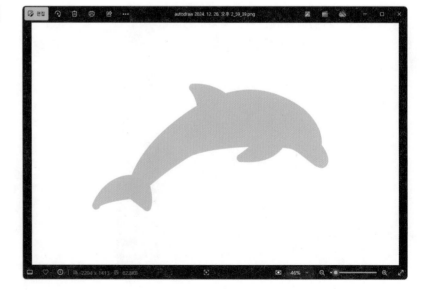

**TIP**

**저장 경로**
이미지 파일은 [다운로드] 폴더에 저장돼요.

# 오늘의 미션

**1** 큰 거미인 '타란툴라'를 그림과 같이 인공지능을 이용하여 그리고 색칠한 후 텍스트를 입력해 보세요.

· 완성 파일 : 타란툴라.png

타란툴라

**2** 아마존의 전통가옥 '말로까' 사진을 보고 그림을 그린 후 인공지능이 이해한 그림 중에서 비슷한 그림을 골라 색칠해 보세요.

· 완성 파일 : 말로까.png

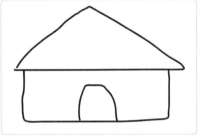

# 퀵 드로우 그리기 대회

퀵 드로우는 구글이 개발한 인공지능 게임으로, 제시된 주제에 해당하는 그림을 여러분이 그리면 인공지능이 맞히는 게임이에요. 인공지능은 여러분이 그린 그림을 이용하여 계속해서 학습을 하면서 더 똑똑해져요. 그럼 누가 더 많이 맞히는지 대결해 볼까요?

## 미리보기

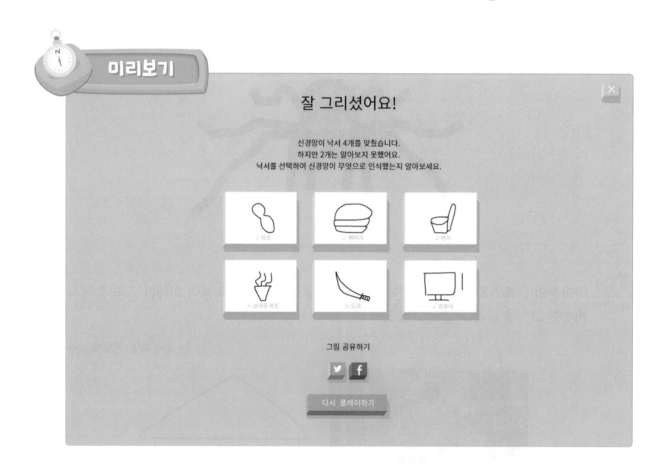

### 게임 결과

게임을 해보고 결과를 적어보세요.

| 구분 | 1차 | 2차 | 3차 | 4차 | 5차 |
|---|---|---|---|---|---|
| 맞힌 개수 | | | | | |
| 틀린 개수 | | | | | |

# 01 퀵 드로우 접속하기

**1** 구글 크롬(◎)을 실행한 후 검색 칸에 **퀵 드로우**를 입력하고 Enter를 눌러요. 퀵 드로우가 검색되어 나오면 Quick, Draw! 링크 주소를 클릭해요.

**2** 퀵 드로우 사이트가 열리면 **<시작하기>** 버튼을 클릭해요.

**1** 제시된 그림의 단어를 확인한 후 **<알겠어요!>** 버튼을 클릭해요.

**2** 제시된 단어에 맞게 마우스를 드래그하여 20초 이내에 그림을 그려보세요.

**3** 새로운 단어가 나오면 같은 방법으로 총 6개의 그림을 그려보세요.

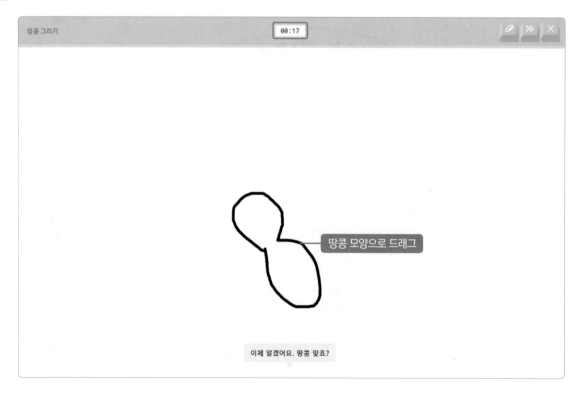

**1** 제시된 6개의 단어 중에서 몇 개를 맞혔는지 확인한 후 인공지능이 맞추지 못한 그림을 클릭해요.

**2** 인공지능이 맞추지 못한 그림을 무엇으로 생각했는지 그리고 인공지능이 다른 사람의 그림을 어떻게 학습했는지 확인해 보세요.

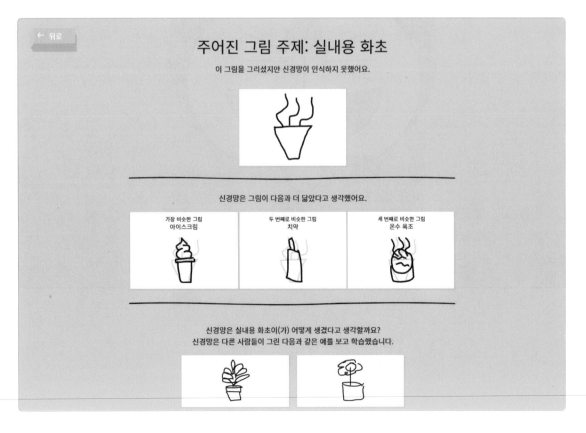

# 일본 애니메이션 캐릭터 만들기

일본으로 여행을 간 초롱이는 아키바라하에서 애니메이션 캐릭터를 구경하는 것이 너무 좋았어요. 귀엽고 예쁜 열쇠고리부터 거대한 피규어까지 사고 싶은 것들이 너무 많았어요. 그중에서 초롱이가 가장 사고 싶었던 캐릭터가 무엇이었는지 직접 만들어볼까요?

📍 파워포인트를 실행하여 도형을 삽입할 수 있습니다.

📍 도형의 크기를 변경하고 색을 채울 수 있습니다.

📍 도형을 복사하고 회전할 수 있습니다.

미리보기

✈ 실습 파일 : 도라몽.pptx  ✈ 완성 파일 : 도라몽(완성).pptx

도라몽

# 01 일본에 대해서 알아볼까요?

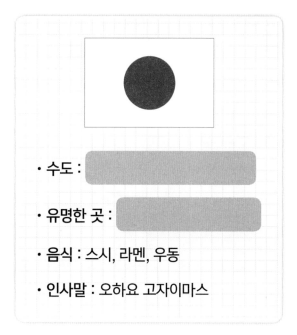

- 수도 :
- 유명한 곳 :
- 음식 : 스시, 라멘, 우동
- 인사말 : 오하요 고자이마스

# 02 도형으로 도라몽 캐릭터 눈 만들기

**1** [시작(▦)]-모두-🅟 PowerPoint 를 클릭하여 파워포인트를 실행한 후 [열기]-[찾아보기]를 클릭해요.

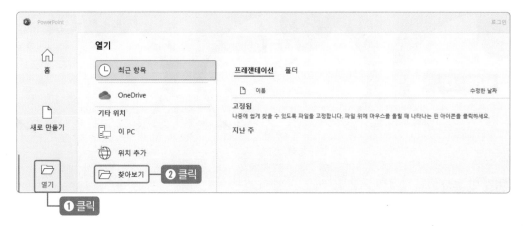

**2** [열기] 대화상자에서 [17차시]-[실습파일] 폴더의 **도라몽.pptx** 파일을 더블 클릭해요.

**3** [삽입] 탭에서 [도형(🔵)]-[기본 도형]-**타원**을 클릭해요. 마우스 포인터 모양(+)이 변경되면 대각선 방향으로 드래그하여 타원 모양이 되도록 만들어요.

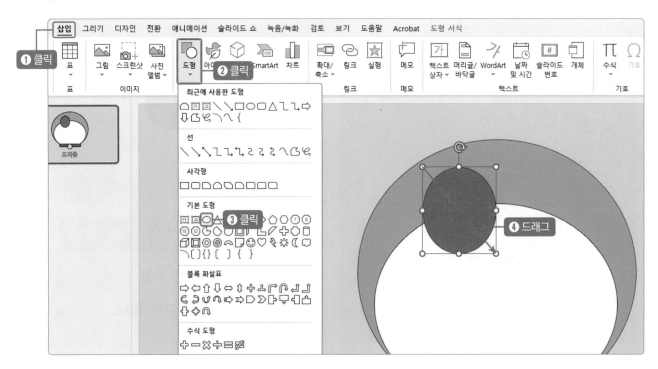

**4** 도형이 선택된 상태에서 [Ctrl]+[C]를 누른 후 [Ctrl]+[V]를 2번 눌러요. 복사된 2개 도형의 조절점을 드래그하여 동그란 원이 될 수 있도록 크기를 줄여주세요.

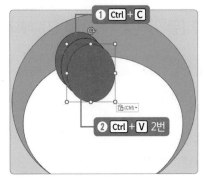 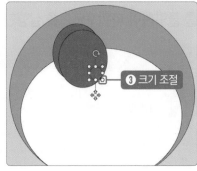 

🌴 **TIP**

**도형 크기 변경 및 복사**

❶ [Shift]를 누른 채 대각선 조절점을 드래그하면 가로/세로 비율이 동일한 크기로 변경돼요.

❷ [Shift]를 누르지 않고 대각선 조절점을 드래그하면 가로/세로 크기를 원하는 크기로 변경할 수 있어요.

❸ 도형을 처음 삽입할 때도 가로/세로 비율을 동일하게 맞추려면 [Shift]를 누른 채 드래그 하세요.

❹ [Ctrl]을 누른 채 도형을 드래그하면 원하는 위치로 복사할 수 있어요.

❺ [Ctrl]+[Shift]를 누른 채 도형을 드래그하면 직선 방향으로 복사할 수 있어요.

**5** 가장 큰 눈 도형을 선택한 후 [도형 서식] 탭에서 [도형 채우기]-**흰색, 배경 1**을 클릭해요.

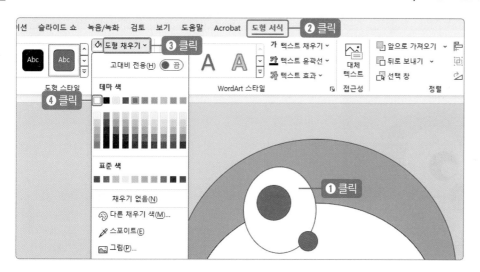

**6** 똑같은 방법으로 가운데 눈 도형은 **검정, 텍스트 1**로 가장 작은 눈 도형은 **흰색, 배경 1**로 색을 채워요.

**7** 색이 채워진 눈 도형을 드래그하여 아래 그림처럼 겹치게 배치해 주세요.

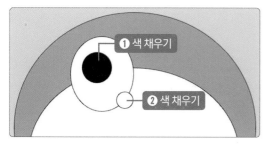 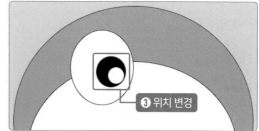

**8** Shift 를 누른 채 왼쪽 눈 도형 3개를 모두 선택한 후 Ctrl + Shift 를 누른 채 오른쪽으로 드래그해요.

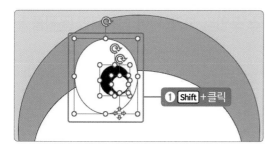 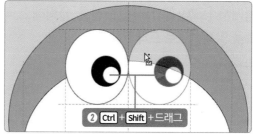

**9** 복사된 오른쪽 눈 도형 중 안쪽 2개의 도형만 드래그하여 아래 그림처럼 위치를 변경해요.

**1** Ctrl을 누른 채 왼쪽 검은색 눈 도형을 코 위치로 드래그하여 복사해요.

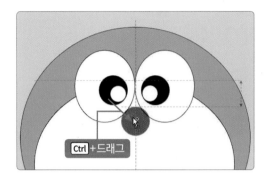

**2** [도형 서식] 탭에서 [도형 채우기]-**빨강**을 클릭한 후 조절점을 이용하여 코의 크기를 변경해요.

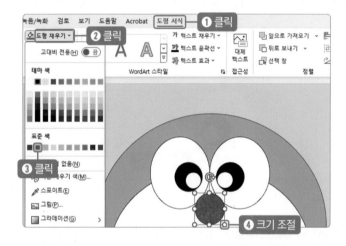

**3** [삽입] 탭에서 [도형(🔵)]-[선]-**선**을 클릭해요. 마우스 포인터 모양(+)이 변경되면 Shift를 누른 채 코 아래쪽을 일직선으로 드래그해요.

**4** [도형 서식] 탭에서 [도형 윤곽선]–**검정, 텍스트 1**을 클릭한 후 [도형 윤곽선]–[두께]를 **1½pt**로 선택해요.

**5** 선 도형이 선택된 상태에서 Ctrl+C를 누른 후 Ctrl+V를 3번 눌러요. 복사된 도형의 조절점을 드래그하여 가로 수염 모양으로 만들어 주세요.

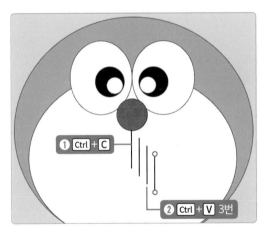 

**6** 똑같은 방법으로 나머지 선 도형도 가로 수염 모양으로 변경한 후 위치를 변경해요.

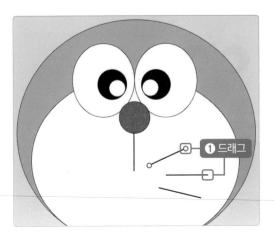 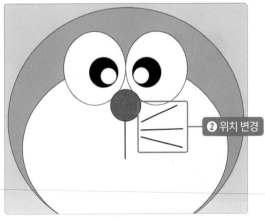

7  Shift 를 누른 채 오른쪽 선 도형 3개를 모두 선택한 후 Ctrl + Shift 를 누른 채 왼쪽으로 드래그해요.

8  [도형 서식] 탭에서 [회전]-**좌우 대칭**을 클릭한 후 도형의 위치 및 크기를 변경해요.

9  [삽입] 탭에서 [도형(🔲)]-[기본 도형]-**달(☾)**을 클릭한 후 빈 영역에 도형을 삽입해요.

10  Shift 를 누른 채 회전 조절점(⊕)을 왼쪽 방향으로 드래그한 후 **노란색 조절점(●)**을 위로 드래그하여 모양을 변형시켜요.

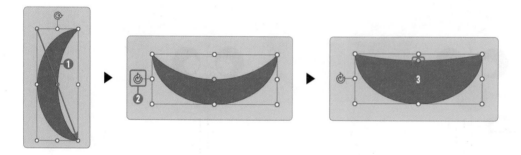

11  도형의 위치와 크기를 변경한 후 **빨강**으로 색을 채우세요.

12  [도형]-[기본 도형]-**하트(♡)**를 이용하여 아래 그림처럼 삽입한 후 색상을 변경하세요.

**17 차시**

# 오늘의 미션

**1** 아래 그림을 참고하여 호빵만 캐릭터를 만들어 보세요.

· 실습 파일 : 호빵만.pptx　· 완성 파일 : 호빵만(완성).pptx

호빵만

 **TIP**

- 눈 : 도형(타원), 도형 채우기
- 눈썹 : 도형(막힌 원호, ⌒), 모양 변형(오른쪽 노란색 조절점), 도형 채우기
- 코 : 도형(타원), 윤곽선(검정, 2¼pt), 도형 채우기
- 볼 : 도형(타원), 윤곽선(없음), 도형 채우기
- 사각형 : 도형(직사각형), 윤곽선(없음), 도형 채우기
- 입 : 도형(달), 회전, 모양 변형(노란색 조절점), 윤곽선(검정, 2¼pt), 도형 채우기

# 태국 음식 메뉴판 만들기

태국 전통 음식점에서 여러 가지 음식을 먹었던 초롱이는 그 맛을 잊을 수가 없었어요. 그래서 친구들에게 맛있게 먹었던 태국 음식을 꼭 소개하고 싶었어요. 친구들에게 여러 가지 태국 음식을 소개할 수 있도록 메뉴판을 만들어볼까요?

**학습목표**

📍 인터넷을 이용하여 원하는 그림을 찾을 수 있어요.
📍 인터넷 그림을 캡처하여 한글에 붙여넣을 수 있어요.
📍 글상자를 이용하여 음식의 이름을 넣을 수 있어요.

**미리보기**

✈ 실습 파일 : 태국음식 메뉴판.hwp    ✈ 완성 파일 : 태국음식 메뉴판(완성).hwp

## 01 태국에 대해서 알아볼까요?

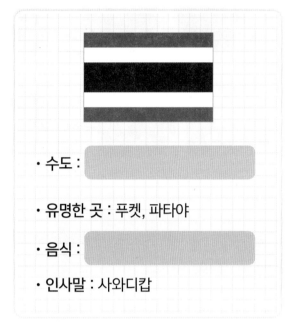

· 수도 :

· 유명한 곳 : 푸켓, 파타야

· 음식 :

· 인사말 : 사와디캅

## 02 구글 크롬에서 음식 이미지 검색하기

**1** [시작(▦)]-모두- 🔳 한글 2022 를 클릭해서 한글을 실행해요.

**2** 한글이 실행되면 [내 컴퓨터에서 불러오기]를 클릭해요. [불러오기] 대화상자에서 [18차시]-[실습파일]
폴더의 **태국음식 메뉴판.hwp** 파일을 더블 클릭해요.

**3** 구글 크롬(◉)을 실행한 후 검색 칸에 **카오카무**를 입력하고 Enter 를 눌러요. 해당 음식이 검색되어 나오
면 메뉴에서 **[이미지]**를 클릭해요.

**4** 스크롤을 내려 원하는 카오카무 사진을 클릭해요.

## 03 이미지를 캡처하여 한글 문서로 가져오기

**1** 한글에서 [입력] 탭-[그림]-[스크린 샷]을 선택한 다음 **글자처럼 취급**을 해제하고 **화면 캡처**를 클릭해요.

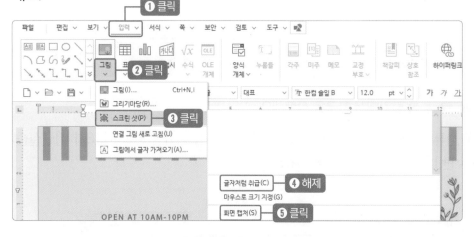

**2** 캡처 기능이 활성화되면 구글 크롬 창에서 캡처할 음식 이미지를 드래그해요.

106

**3** 한글 문서에 캡처한 이미지가 삽입되면 **카오카무 박스** 칸에 맞추어 크기와 위치를 변경해요.

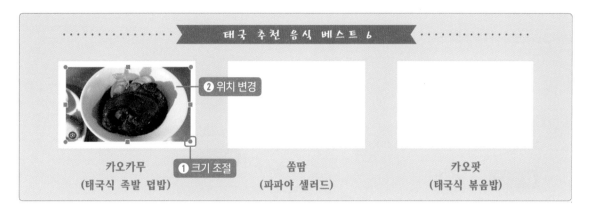

**4** 똑같은 방법으로 나머지 메뉴(**쏨땀, 카오팟, 랭셉, 카이양, 팟팍붕파이댕**)의 이미지를 검색한 후 원하는 이미지를 캡처하여 한글 문서에 삽입해 보세요.

## 04 글상자를 이용하여 음식 이름 넣기

**1** [입력] 탭의 목록 단추(∨)를 눌러 **글상자**를 클릭해요.

🎒 **TIP**

[입력] 탭 왼쪽의 그리기 개체에서 '가로 글상자()' 를 선택해도 돼요.

**2** 마우스 포인터 모양(+)이 변경되면 문서 아래 **첫 번째 흰색 박스** 아래쪽을 드래그하여 삽입한 후 음식 이름을 입력하세요.

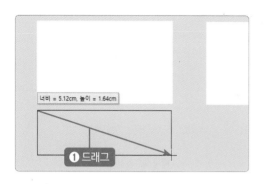 

**3** 글상자 테두리를 선택한 후 [서식] 도구 모음에서 **글꼴(한컴 솔잎B), 글자 크기(12pt), 글자 색, 가운데 정렬(☰)**을 지정해요.

**4** [도형(🔳)] 탭에서 [도형 윤곽선] 및 [도형 채우기]의 목록 단추(⌄)를 눌러 모두 **없음**으로 선택한 후 글상자의 크기와 위치를 변경해요.

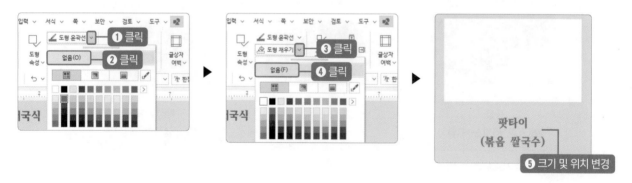

**5** 같은 방법으로 나머지 메뉴에도 음식 이름**(똠양꿍, 푸팟퐁커리)**을 입력한 후 인터넷에서 해당 메뉴의 이미지를 찾아서 삽입해 보세요.

# 18 차시
# 오늘의 미션

**1** 그림판 앱을 실행하여 [18차시]-[실습파일] 폴더의 '코끼리.png'를 열어서 알록달록 예쁘게 색칠해 보세요.

· 실습 파일 : 코끼리.png    · 완성 파일 : 코끼리(완성).png

🌴 **TIP**

- [시작(■)]-모두-[**그림판**]을 클릭하여 실행한 후 [파일]-[열기]를 클릭해요.
- [도구] 메뉴에서 채우기(🖌)를 클릭한 후 원하는 색을 선택해요.
- 색을 채울 부분을 클릭하면 선택된 색으로 채워지고 Ctrl + Z 를 누르면 색 채우기가 취소돼요.

109

# 19 차시

# 그리스 로마 신화 카드 만들기

그리스로 놀러간 초롱이는 그리스 신화의 최고 신인 제우스를 기리는 올림피아 제우스 신전을 관광하다가 그리스 신화에 나오는 신들에 대한 정보를 알고 싶었어요. 신들의 그림을 이용하여 그리스 신화에 나오는 올림포스 12신 카드를 만들어 볼까요?

학습목표

📍 그림을 삽입하여 원하는 부분만 잘라낼 수 있습니다.
📍 챗GPT를 이용하여 올림포스 12신에 대한 정보를 확인할 수 있습니다.
📍 정보를 복사하여 붙여넣은 후 글자 서식을 지정할 수 있습니다.

미리보기

✈ 실습 파일 : 그리스 신화.hwp, 올림포스 12신.jpg   ✈ 완성 파일 : 그리스 신화(완성).hwp

## 01 그리스에 대해서 알아볼까요?

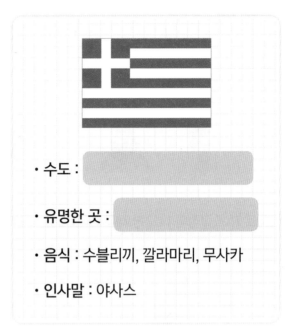

· 수도 :

· 유명한 곳 :

· 음식 : 수블리끼, 깔라마리, 무사카

· 인사말 : 야사스

## 02 이미지를 삽입한 후 필요한 부분만 잘라내기

**1** [시작( )]-모두- 한글 2022 를 클릭해서 한글을 실행해요.

**2** 한글이 실행되면 [내 컴퓨터에서 불러오기]를 클릭해요. [불러오기] 대화상자에서 [19차시]-[실습파일] 폴더의 **그리스 신화.hwp** 파일을 더블 클릭해요.

**3** [입력] 탭에서 [**그림**]을 클릭해요. [그림 넣기] 대화상자에서 [19차시]-[실습파일] 폴더의 **올림포스 12 신.jpg** 파일을 더블 클릭해요.

**4** 삽입된 그림을 선택한 후 [그림( 🌷 )] 탭에서 **자르기**를 클릭해요.

**5** 자르기 조절점이 나오면 **제우스(Zeus)** 그림에 맞추어 드래그한 후 Esc를 눌러요.

**6** 제우스 그림을 더블 클릭하세요. [개체 속성] 대화상자가 나오면 [기본] 탭에서 **글자처럼 취급**을 해제하고 **글 앞으로**를 선택한 후 <설정>을 클릭해요.

**7** 속성이 변경되면 제우스 그림을 **첫 번째 카드** 위치로 이동시켜요.

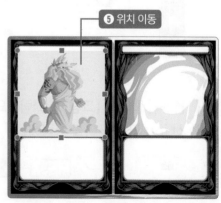

## 03 사진 편집 기능으로 이미지 배경 투명하게 만들기

**1** 그림을 선택한 후 [그림( 🌷 )] 탭에서 **사진 편집**을 클릭해요.

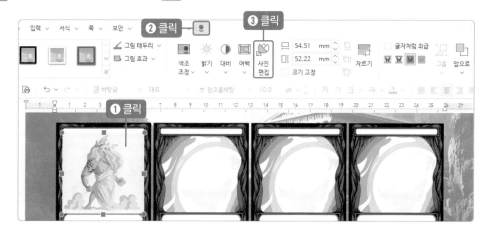

**2** [사진 편집기] 대화상자가 나오면 [**투명 효과**] 탭을 클릭해요. 마우스 포인터(🔍)가 변경되면 캐릭터 뒤쪽 배경을 모두 클릭한 후 <적용> 버튼을 선택해요.

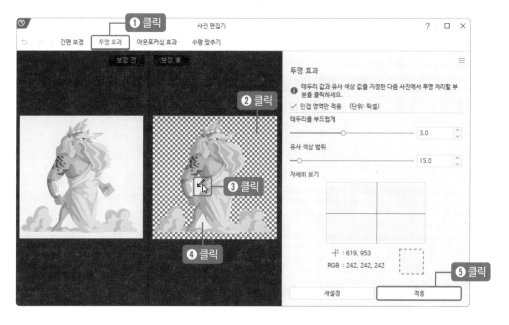

**3** 그림 배경이 투명하게 변경되면 조절점을 이용하여 크기를 변경한 후 위치를 맞춰주세요.

# 04 챗GPT를 이용하여 올림포스 12신에 대한 정보 가져오기

**1** 구글 크롬(◎)을 실행한 후 검색 칸에 **chatgpt.com**을 입력하고 Enter 를 눌러요.

**2** 챗GPT가 열리면 **로그아웃 유지**를 선택한 후 입력 칸에 **올림포스 12신**을 입력하고 Enter 를 눌러요.

**3** 올림포스 12신에 대한 정보가 나오면 제우스 내용을 마우스로 드래그한 후 Ctrl + C 를 눌러 복사해요.

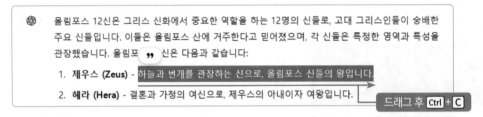

### 🌴 TIP

**챗GPT 결과**
챗GPT에게 같은 질문을 해도 결과는 다르게 나올 수 있어요. 원하는 결과가 나오지 않을 경우 다른 내용으로 질문해 보세요.

**4** 한글에서 제우스 그림 아래쪽의 빈 칸을 클릭한 후 Ctrl + V 를 눌러요. [HTML 문서 붙이기] 대화상자 가 나오면 **텍스트 형식으로 붙이기**를 선택한 후 <확인>을 클릭해요.

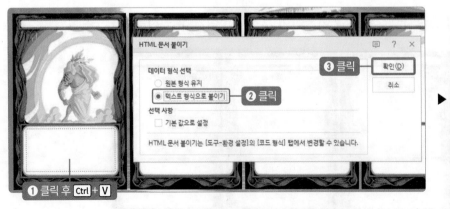

# 오늘의 미션

**1** 아래 그림을 참고하여 올림포스 12신 카드를 완성해 보세요.

· 실습 파일 : 그리스 신화 전체.hwp    · 완성 파일 : 그리스 신화(완성).hwp

🌴 **TIP**

· 그림 삽입 및 속성 변경 : 올림포스 12신.jpg 삽입 → 그림 더블 클릭 → [개체 속성] 대화상자에서 '글자처럼 취급' 해제 및 '글 앞으로'를 선택
· 그림 복사 후 자르기 : 그림 선택 → Ctrl + C 후 Ctrl + V → 복사된 그림에서 필요한 그림만 자르기 → 사진 편집에서 투명 효과 지정 → 크기 및 위치 변경
· 정보 입력 : 챗GPT를 이용하여 필요한 내용을 복사한 후 붙여넣기

# 코딩 교육의 선두 국가 에스토니아

지금은 전세계적으로 많은 나라에서 의무적으로 코딩 교육을 하고 있지만 에스토니아는 코딩이라는 단어 조차도 낯설었던 1990년대부터 모든 학생들에게 코딩 교육을 가르쳤어요. 코딩이 궁금한 친구들을 위해 초롱이와 함께 코딩 공부를 해볼까요?

📍 인터넷을 이용하여 코딩 학습 사이트에 접속할 수 있습니다.
📍 플래피 버드 게임 방법을 영상으로 확인할 수 있습니다.
📍 플래피 버드 게임을 단계별로 코딩할 수 있습니다.

## 미리보기

✈ 실습 파일 : 없음    ✈ 완성 파일 : 없음

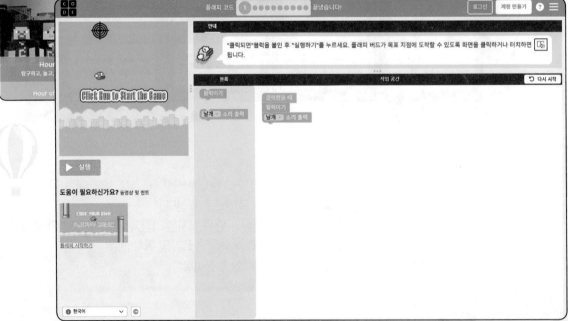

## 01 에스토니아에 대해서 알아볼까요?

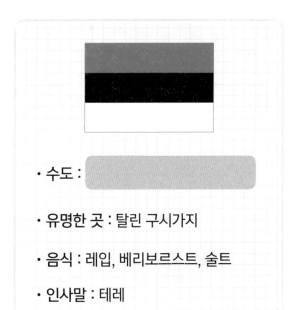

- 수도 :

- 유명한 곳 : 탈린 구시가지

- 음식 : 레입, 베리보르스트, 술트

- 인사말 : 테레

## 02 코딩 학습(코드닷오알지) 사이트에 접속하기

**1** 구글 크롬(◎)을 실행한 후 검색 칸에 code.org를 입력하고 [Enter]를 눌러요.

**2** 해당 사이트가 열리면 스크롤 바를 내려서 [Hour of Code] 메뉴를 클릭한 후 [활동 살펴보기]를 선택해요.

3 활동 살펴보기 페이지가 열리면 스크롤 바를 내려서 **[플래피 게임 만들기]**를 클릭해요.

4 [플래피 게임 만들기] 창이 나오면 <시작> 버튼을 클릭한 후 동영상 소개 창에서 닫기(ⓧ) 버튼을 누르세요.

## 03 플래피 버드 게임 영상 확인 후 코딩하기

1 파일 탐색기에서 [20차시]-[실습파일] 폴더 안에 있는 메모장을 실행한 후 영상 주소를 드래그하여 Ctrl+C를 눌러 복사해요.

2 구글 크롬에서 새 탭(＋)을 누른 후 주소 입력 칸에 Ctrl+V를 누르고 Enter를 눌러요. 플래피 버드 게임 영상이 나오면 코딩 때 참고할 수 있도록 게임 방법을 미리 확인해요.

**3** [플래피 코드 1단계]에서 위쪽 지문을 읽고 블록을 연결한 후 <실행>을 클릭해요.

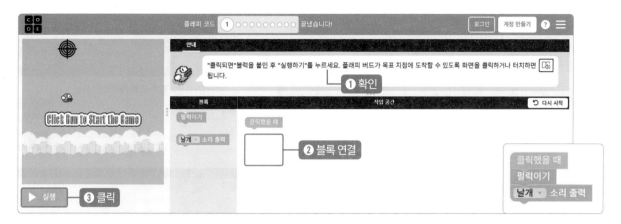

**4** 코드가 실행되면 플래피 버드가 위쪽 과녁에 닿도록 실행 화면을 계속 클릭해요. 1단계 코딩에 성공하면 <계속>을 클릭해요.

**5** [플래피 코드 2단계]가 열리면 위쪽 지문을 읽고 블록을 연결한 후 <실행>을 클릭해요.

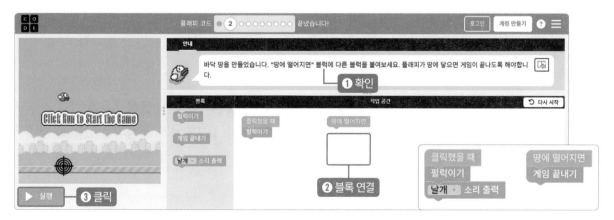

6 코드가 실행되면 플래피 버드가 땅으로 떨어져 과녁에 닿을 때까지 기다려요. 2단계 코딩에 성공하면 <계속>을 클릭해요.

 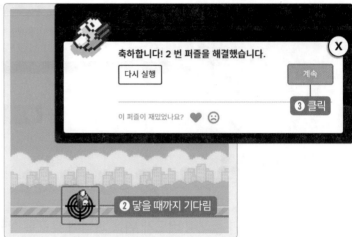

7 같은 방법으로 9단계까지 위쪽 지문을 읽고 블록을 연결한 후 <실행>을 클릭해요.

① **3단계** : [실행하면] 블록에 [스피드 설정] 블록 연결 후 실행 → 위쪽 과녁에 닿도록 계속 클릭

② **4단계** : [물체에 부딪치면] 블록에 [게임 끝내기] 블록 연결 후 실행 → 다가오는 파이프에 닿아 게임 이 끝날 때까지 계속 클릭

③ **5단계** : [물체를 통과하면] 블록에 [포인트 얻음] 블록 연결 후 실행 → 다가오는 파이프에 닿지않고 통과할 때까지 계속 클릭

④ **6단계** : [클릭했을 때] 블록에 [펄럭이기] 블록 연결 → [펄럭이기] 블록을 클릭하여 원하는 점프 선 택 후 실행 → 다가오는 파이프에 닿지않고 통과할 때까지 계속 클릭

⑤ **7단계** : [실행하면] 블록 맨아래에 [도시(낮) 배경 설정] 블록 연결 → [도시(낮) 배경 설정] 블록을 클릭하여 원하는 배경 선택 후 실행 → 다가오는 파이프에 닿아 게임 끝날 때까지 계속 클릭

⑥ **8단계** : [물체를 통과하면] 블록 맨아래에 [도시(낮) 배경 설정] 블록 연결 → [도시(낮) 배경 설정] 블록을 클릭하여 랜덤 선택 후 실행 → 다가오는 파이프에 닿지않고 통과할 때까지 계속 클 릭 → 랜덤으로 배경이 변경되는 것을 확인

⑦ **9단계** : [물체를 부딪치면] 블록 아래에 [점수 등록 0]과 [게임 끝내기] 블록 2개를 연결 → 다가오는 파이프에 닿지않고 통과할 때까지 계속 클릭 → 파이프에 닿아 게임이 끝났을 때 점수가 0이 되는 것을 확인

# 오늘의 미션

**1** [플래피 코드 10단계]가 열리면 여러 가지 블록들을 이용하여 본인이 원하는 플래피 버드 게임을 코딩해 보세요.

## 🌴 TIP

- 10단계가 열리지 않을 경우 플래피 코드에서 10단계를 직접 클릭하세요.
- 펄럭이기 : '펄럭이기'를 클릭하면 점프 높이를 변경할 수 있어요.
- 보통 스피드 설정 : '보통'을 클릭하면 게임 속도를 변경할 수 있어요.
- 도시(낮) 배경 설정 : '도시(낮)'을 클릭하면 게임 배경을 변경할 수 있어요.
- 노랑새 플레이어 설정 : '노랑새'를 클릭하면 게임 캐릭터를 변경할 수 있어요.
- 파이프 물체 설정 : '파이프'를 클릭하면 피해야 하는 물체를 변경할 수 있어요.
- 일반 바닥 설정 : '일반'을 클릭하면 바닥 배경을 변경할 수 있어요.
- 보통 간격 설정 : '보통'을 클릭하면 파이프 사이 간격을 변경할 수 있어요.
- 보통 중력 설정 : '보통'을 클릭하면 땅으로 떨어지는 속도를 변경할 수 있어요.
- 게임이 끝났을 경우 <계속 진행>을 클릭하면 다시 게임을 할 수 있어요.

| 계속 진행 | 마침 |

# 중국을 대표하는 동물 판다

가족과 함께 중국으로 여행을 떠난 초롱이는 판다를 보기 위해 쓰촨성에 있는 청두 판다기지에 도착했어요. 대나무를 먹고 있는 판다부터 나무 위에서 잠을 자고 있는 판다까지 그 모습이 너무 귀여웠어요. 우리도 인공지능을 이용하여 움직이는 판다를 만들어볼까요?

### 학습목표

📍 윈도우 캡처 도구로 원하는 이미지를 저장할 수 있습니다.

📍 애니메이터 드로잉에 저장된 이미지를 업로드 할 수 있습니다.

📍 애니메이터 드로잉을 이용하여 업로드된 이미지를 움직이게 만들 수 있습니다.

### 미리보기

✈ 실습 파일 : 없음　　✈ 완성 파일 : 없음

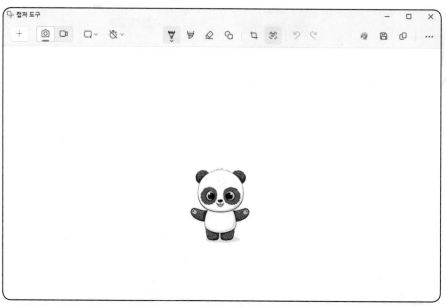

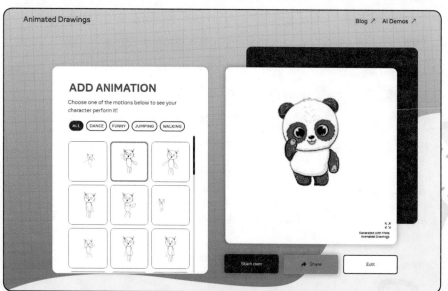

# 01 중국에 대해서 알아볼까요?

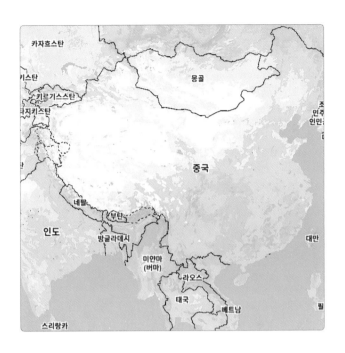

- 수도 :
- 유명한 곳 :
- 음식 : 마파두부, 탕수육, 딤섬
- 인사말 : 니하오

# 02 구글 크롬에서 판다 이미지 검색하기

1 구글 크롬(◎)을 실행한 후 검색 칸에 **점프 판다 일러스트**를 입력하고 Enter 를 눌러요. 판다가 검색되어 나오면 메뉴에서 [이미지]를 클릭해요.

2 스크롤을 내려 양손과 양발, 외곽선이 뚜렷한 판다 사진을 클릭해요.

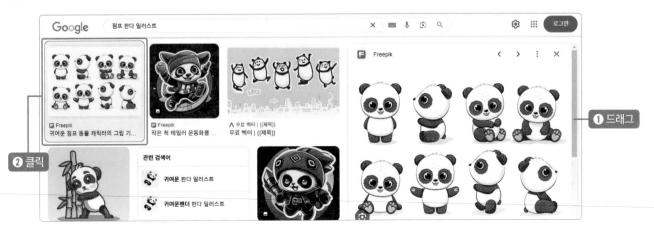

## 03 윈도우 캡처 도구로 원하는 이미지 저장하기

**1** 판다 이미지를 캡처하기 위해 ▣+Shift를 동시에 누른 상태에서 S를 눌러요. 화면이 약간 어둡게 변하면 캡처할 영역을 드래그한 후 화면 우측 아래에 [캡처 도구] 창을 클릭해요.

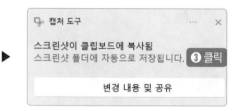

**2** [캡처 도구] 창이 활성화되면 **저장(💾)** 아이콘을 클릭해요.

**3** [다른 이름으로 저장] 대화상자가 나오면 저장 경로를 **바탕화면**으로 지정하고 **파일 이름(판다)**을 입력한 후 <저장>을 클릭해요.

## 04 애니메이티드 드로잉으로 움직이는 판다 만들기

**1** 파일 탐색기에서 [21차시]-[실습파일] 폴더 안에 있는 메모장을 실행한 후 URL 주소를 드래그하여 Ctrl+C를 눌러 복사해요.

**2** 구글 크롬(◎) 주소 칸에 `Ctrl`+`V`를 누른 후 `Enter`를 눌러요.

**3** 애니메이티드 드로잉 사이트가 열리면 언어가 영문인 상태에서 <Try it now> 버튼을 클릭해요. 데모 버전 사용에 대한 메시지가 나오면 <Accept> 버튼을 클릭해요.

**4** 창이 변경되면 <Upload Photo> 버튼을 클릭한 후 바탕화면에 저장한 판다 이미지를 불러와요.

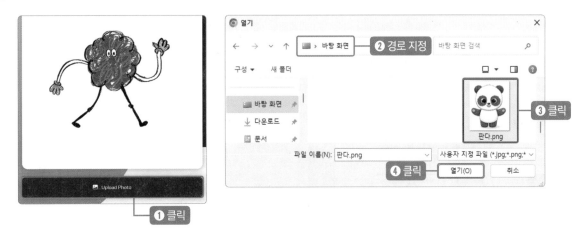

**5** 이미지가 업로드 되면 <Next> 버튼을 클릭해요. 자동으로 조절점이 맞춰지면 <Next> 버튼을 클릭해요.

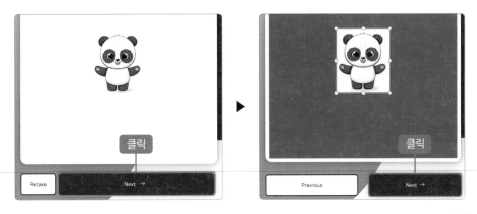

**6** 색 채우기를 확인한 후 <Next> 버튼을 클릭해요. 자동으로 점이 인식되면 <Next> 버튼을 클릭해요.

**TIP**

**색 채우기 및 제거하기**

❶ 자동으로 투명 배경색을 지정하는 과정에서 사용자가 직접 색을 추가하거나
제거할 수 있어요.
❷ ✎ : 색이 포함되지 않은 부분을 드래그하여 추가할 수 있어요.
❸ ⬙ : 불필요한 색이 포함되었을 때 드래그하여 제거할 수 있어요.

**7** 원하는 애니메이션 동작을 선택하여 판다 어떻게 움직이는지 확인해 보세요.

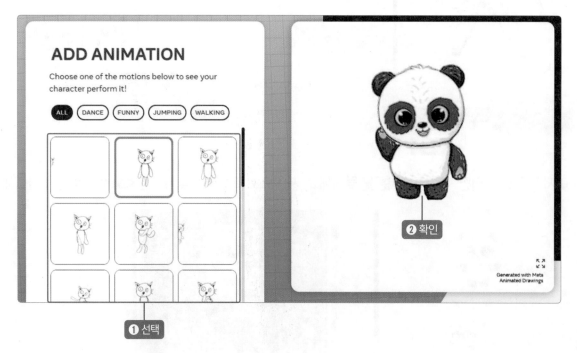

# 오늘의 미션

**1** 구글 크롬에서 좋아하는 만화 캐릭터를 검색한 후 캡처하여 바탕화면에 저장하세요.

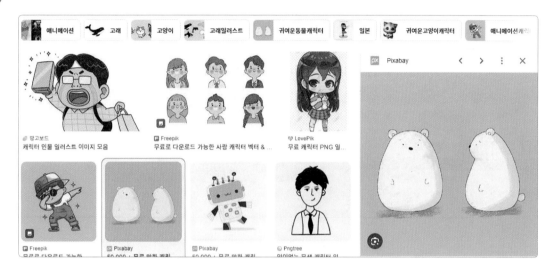

**2** 바탕화면에 저장한 캐릭터 그림을 이용하여 움직이는 애니메이션을 만들어 보세요.

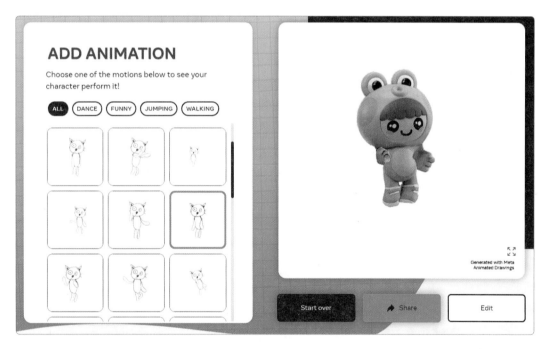

# 잠보 브와나 노래 가사로 케냐 홍보 PPT 만들기

케냐에서 들었던 "잠보 브와나(Jambo Bwana)" 노래를 흥얼거리던 초롱이는 멋진 아이디어가 떠올랐어요. 케냐에 관련된 그림들과 잠보 브와나 노래 가사를 이용하여 케냐 홍보 PPT를 만드는 것이에요!! 슬라이드 전환 효과를 이용하여 멋진 PPT를 만들어 볼까요?

**학습목표**

♦ 슬라이드에 그림을 삽입할 수 있습니다.

♦ 도형을 이용하여 멋진 모핑 효과를 만들 수 있습니다.

♦ 슬라이드 전환 효과를 이용하여 멋진 PPT를 만들 수 있습니다.

**미리보기**

✈ 실습 파일 : 잠보 브와나.pptx    ✈ 완성 파일 : 잠보 브와나(완성).pptx

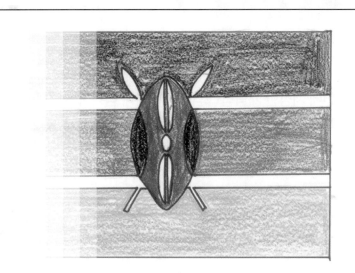

# 잠보 브와나
## (케냐 전통 노래)

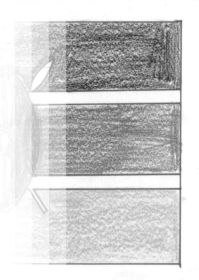

# 01 케냐에 대해서 알아볼까요?

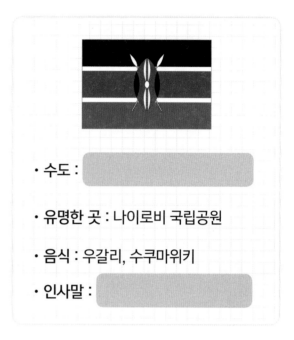

· 수도 :

· 유명한 곳 : 나이로비 국립공원

· 음식 : 우갈리, 수쿠마위키

· 인사말 :

# 02 도형을 이용하여 모핑 전환 효과 만들기

**1** 파워포인트를 실행한 후 [22차시]-[실습파일] 폴더에서 **잠보 브와나.pptx** 파일을 불러와요.

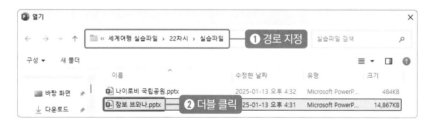

**2** [삽입] 탭-[도형( )]-[사각형]-**직사각형**을 클릭해요. 아래 그림처럼 국기 그림이 보이지 않게 그림 끝에 맞추어 도형을 삽입한 후 마우스 오른쪽 버튼을 눌러 **[도형 서식]**을 클릭해요.

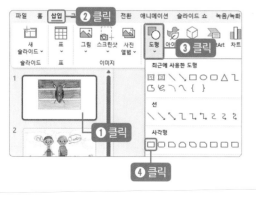

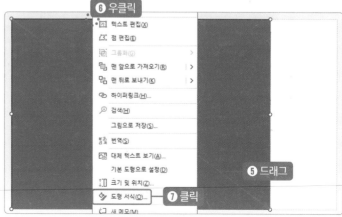

**3** 화면 오른쪽에 [도형 서식] 창이 나오면 **단색 채우기**에서 **색(흰색, 배경1)**과 **투명도(50%)**를 변경한 후 선을 클릭하여 **선 없음**을 선택해요.

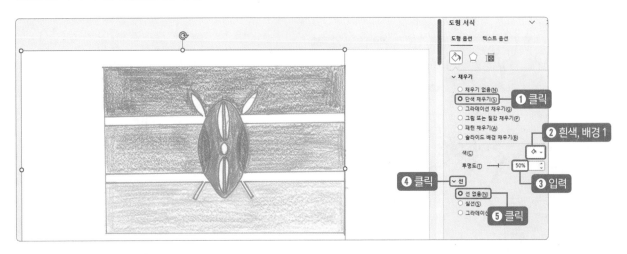

**4** 화면을 50%로 축소한 후 Ctrl + Shift 를 누른 채 왼쪽으로 조금만 드래그하여 복사해요.

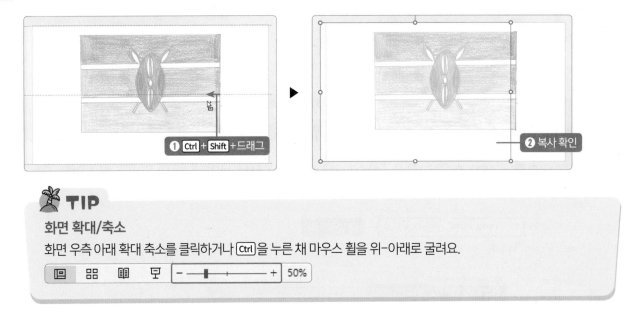

🌴 **TIP**

**화면 확대/축소**
화면 우측 아래 확대 축소를 클릭하거나 Ctrl 을 누른 채 마우스 휠을 위-아래로 굴려요.

**5** 도형이 복사되면 F4 를 연속으로 **4번** 눌러 이전 작업을 반복하여 도형을 복사한 후 도형이 있는 영역을 넓게 드래그하여 총개수가 **5개**인지 확인해요.

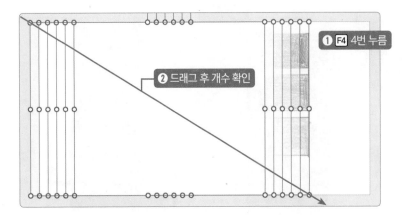

**6** 왼쪽 첫 번째 슬라이드 위에서 마우스 오른쪽 버튼을 눌러 **[슬라이드 복제]**를 클릭해요. 슬라이드가
복제되면 위쪽 **첫 번째 슬라이드**를 선택해요.

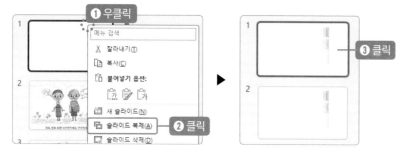

**7** 5개의 도형을 모두 선택한 후 Shift 를 누른 채 왼쪽으로 드래그하여 슬라이드 밖으로 이동시켜요.

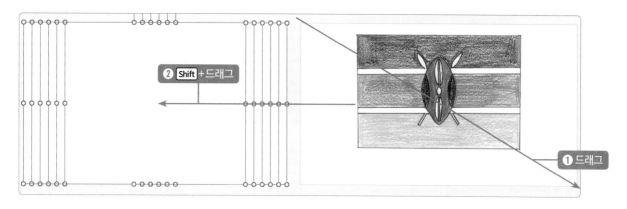

**8** **두 번째 슬라이드**를 선택한 후 [삽입] 탭에서 **가로 텍스트 상자 그리기(**가**)**를 클릭해요.

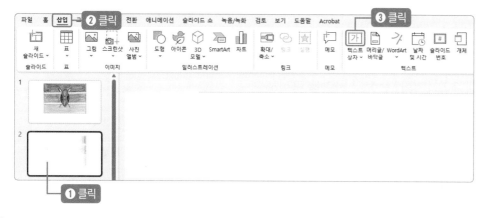

**9** 흰색 도형 위를 드래그하여 텍스트 상자를 삽입한 후 내용을 입력해요. 문장을 드래그한 후 [홈] 탭에서
원하는 **글꼴, 글꼴 크기, 글꼴 색**으로 변경하고 **가운데 정렬**을 지정해요.

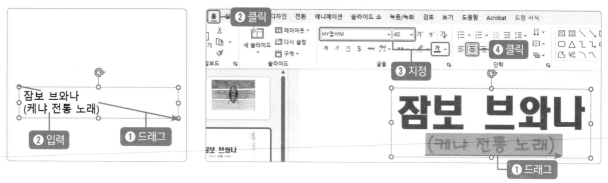

10 국기 그림을 선택한 후 조절점을 드래그하여 슬라이드 크기보다 크게 변경해요. 이어서, 글상자의 위치를 변경해요.

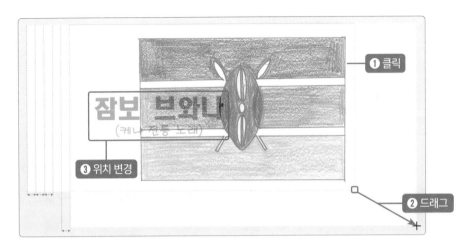

 **03 슬라이드 전환 효과 지정하기**

1 [슬라이드 2]가 선택된 상태에서 [전환] 탭의 **모핑**을 클릭해요.

2 [슬라이드 3]을 선택한 후 [전환] 탭에서 **바람**을 클릭해요.

3 똑같은 방법으로 나머지 슬라이드에도 전환 효과를 지정하세요.

[슬라이드 4] : 파장, [슬라이드 5] : 바둑판 무늬, [슬라이드 6] : 종이 접기, [슬라이드 7] : 소용돌이

4 모든 작업이 끝나면 F5를 눌러 슬라이드 쇼를 실행해요. 슬라이드 쇼가 실행되면 화면을 클릭하여 화면이 어떻게 전환되는지 확인해 보세요.

# 22 차시

# 오늘의 미션

**1** 모핑 효과를 위해서 [슬라이드 1]에 도형과 텍스트를 삽입하세요.

· 실습 파일 : 나이로비 국립공원.pptx　　· 완성 파일 : 나이로비 국립공원(완성).pptx

 TIP

- 도형 모양 : [블록 화살표]–[화살표: 오각형] → 노란색 조절점으로 모양 변형
- 채우기 및 선 지정 : 단색 채우기(흰색, 배경 1) → 투명도(50%) → 실선(색 : 흰색, 배경 1, 15% 더 어둡게) → 도형 복사(6개)
- [슬라이드 1] 복제 → [슬라이드 2] 텍스트 상자 삽입 → 글꼴 서식 지정
- 도형 이동 : [슬라이드 1]의 모든 도형 선택 → 왼쪽 슬라이드 밖으로 드래그

**2** [슬라이드 2]~[슬라이드 10]까지 모핑을 포함하여 여러 가지 화면 전환 효과를 지정해 보세요.

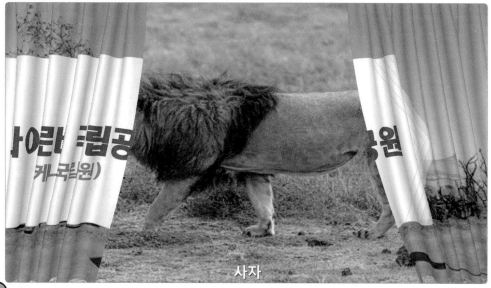

사자

# 두뇌가 좋아지는 이집트 피라미드 게임

고대 이집트의 국왕이나 왕비, 왕족의 무덤인 피라미드를 직접 본 초롱이는 엄청난 크기에 놀랐습니다. 그런데 윈도우11에 피라미드 게임이 있다는 사실에 초롱이는 또 한 번 놀랐습니다. 다함께 피라미드 게임을 하면서 두뇌 회전을 해볼까요?

- 📍 마이크로소프트 솔리테어 & 캐주얼 게임 앱을 실행할 수 있습니다.
- 📍 피라미드 카드 게임 방법을 이해할 수 있습니다.
- 📍 피라미드 카드 게임을 할 수 있습니다.

✈ 실습 파일 : 없음   ✈ 완성 파일 : 없음

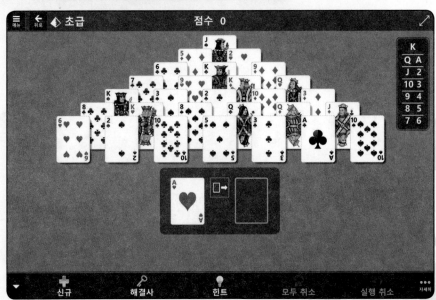

# 01 이집트에 대해서 알아볼까요?

- 수도 :
- 유명한 곳 :
- 음식 : 쿠샤리
- 인사말 : 아흘란 와 싸흘란

# 02 피라미드 게임 방법 배우기

**1** 피라미드 게임을 실행하기 위해 [시작(⊞)]-
[모두]-[Solitaire & Casual Games]을
클릭해요.

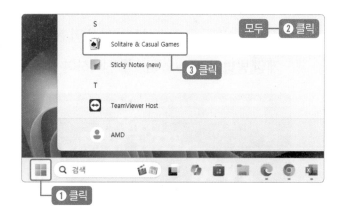

**2** 앱이 실행되면 피라미드 게임을 하기 위해 [Pyramid]를 클릭해요.

**3** [Pyramid] 플레이가 실행되면 플레이 방법을 확인하기 위해 **<플레이 방법 보기>** 버튼을 클릭해요.

 **TIP**

**게임 방법 미리 확인하기**

- 피라미드 게임은 두 장의 카드 합계가 **13**이 되도록 선택하여 보드 위의 모든 카드를 제거하면 이기는 게임입니다.
- 카드의 종류는 1부터 13까지 있으며 영문으로 표시되는 카드의 번호는 아래와 같습니다.
  - A : 1, J : 11, Q : 12, K : 13
- K는 번호가 13이라서 두 장의 카드 선택 없이 하나만 선택하면 바로 제거됩니다.
- 보드 위에 있는 카드 중에서 13을 만들 수 있는 카드가 없을 경우에는 아래쪽 카드 묶음에서 **뽑기 버튼(🔲▸)**을 클릭하여 원하는 카드를 선택할 수 있습니다.

**4** 자습서가 실행되면 자습서 내용을 읽어 본 후 그대로 따라해 보세요.

– **게임 방법_1** : 2개의 카드를 선택하여 합을 13으로 맞춤

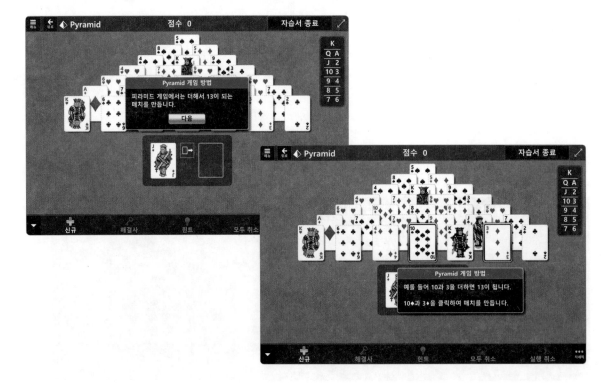

- **게임 방법_2** : K 카드는 숫자로 13이기 때문에 해당 카드만 클릭

- **게임 방법_3** : J 카드는 숫자로 11이기 때문에 숫자 합이 13이 되도록 2 카드를 클릭

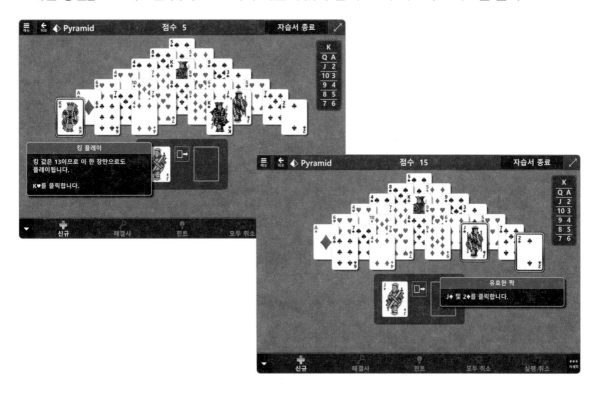

- **게임 방법_4** : 보드 위에 있는 카드 중에서 13을 만들 수 있는 카드가 없을 경우에는 아래쪽 카드 묶음
  에서 **뽑기 버튼(□➡)** 을 클릭한 후 합이 13이 되는 카드를 선택

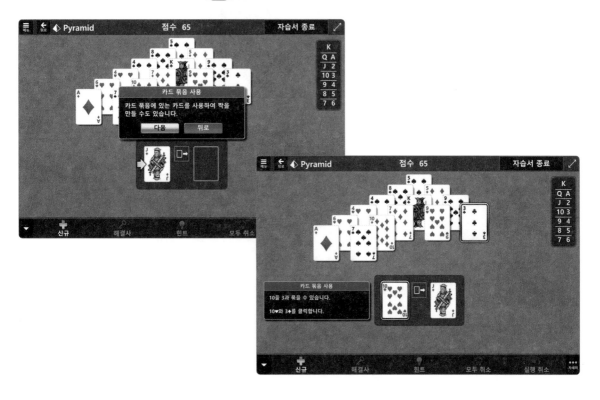

**1** 메인 화면에서 자습서 성공으로 레벨 2가된 [Pyramid]를 클릭해요.

**2** 게임 단계가 나오면 초급에서 <플레이> 버튼을 클릭해요.

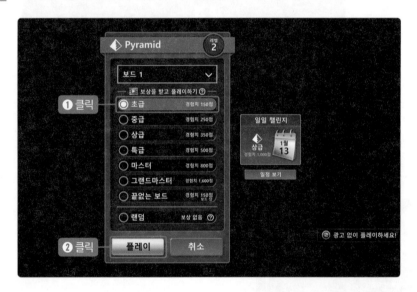

**3** 피라미드 게임이 실행되면 자습서에서 학습한 내용을 바탕으로 모든 카드를 제거해 보세요.

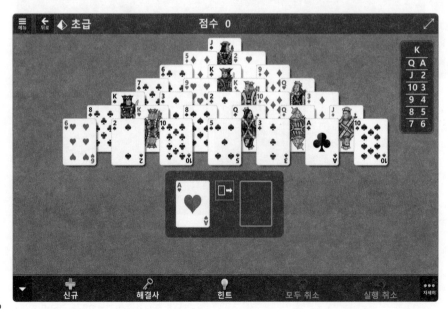

**1** 이집트에 대해서 얼마나 알고 있는지 가로세로 낱말퀴즈를 통해서 확인해 보세요!!

· 실습 파일 : 없음　· 완성 파일 : 이집트-낱말퀴즈(정답).jpg

### 가로 풀이

2. 이집트 수도로, 고대 이집트 유적이 많이 남아 있어요.(힌트 : ㅋㅇㄹ)

4. 고대 이집트 왕들의 무덤이에요.

5. 아침에는 네 발로 걷고, 점심에는 두 발로 걷고, 저녁에는 세 발로 걷는 동물은 무엇일까요?

8. 오이 등의 채소나 과일을 식초에 절인 음식으로, 클레오파트라가 즐겨 먹었다고 해요.

9. 한강의 옛이름으로, 서울특별시의 수돗물 상표에요.(힌트 : ㅇㄹㅅ)

11. 프랑스 파리에 있는 유명한 탑이에요.

12. 얼굴은 사람, 몸은 사자 모양을 한 괴물로, 피라미드 근처에 세워졌어요.(힌트 : ㅅㅍㅋㅅ)

### 세로 풀이

1. 고대 이집트 왕을 이르던 말로, '태양신의 아들'이라는 뜻이에요.(힌트 : ㅍㄹㅇ)

3. 이집트 국민의 대다수는 ○○○교 신자에요.

6. 고대 이집트에서 개발한 '인류 최초의 종이'에요.
   종이를 뜻하는 영어 '페이퍼(Paper)'는 이것에서 유래되었어요.(힌트 : ㅍㅍㄹㅅ)

7. 사막에 샘이 솟고 풀과 나무가 자라는 곳이에요.

10. 이집트에 있는 운하로, 지중해와 홍해를 연결해요.(힌트 : ㅅㅇㅈ)

[액티비티 3]
# 주사위 세계여행 게임

지금까지 컴퓨터로 세계 여러 나라를 여행하면서 많은 것들을 재미있게 배웠나요? 마지막으로 친구들과 함께 "주사위 세계여행" 게임을 해보면서 신나게 즐겨 보세요. 먼저 게임 규칙을 이해하는 것이 중요해요. 게임판을 화면에 띄우고 인터넷 주사위를 이용하여 모둠별 또는 개인별로 게임해 보세요.

✈ 실습 파일 : 주사위 세계여행.pptx, 게임 방법.pptx    ✈ 완성 파일 : 주사위 세계여행(완성).pptx

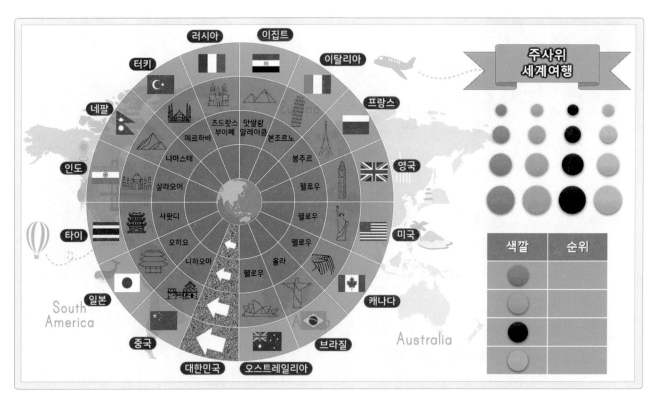

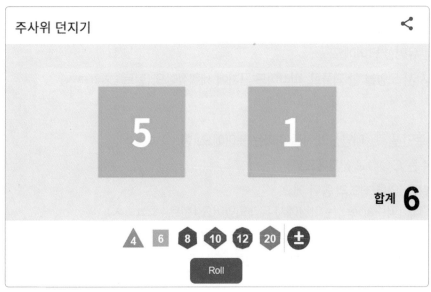

# 01 게임판 완성하기

**1** 파워포인트를 실행한 후 [24차시]-[실습파일] 폴더에서 **주사위 세계여행.pptx** 파일을 불러와요.

**2** 파일이 열리면 [보기] 탭에서 **슬라이드 마스터**를 클릭해요.

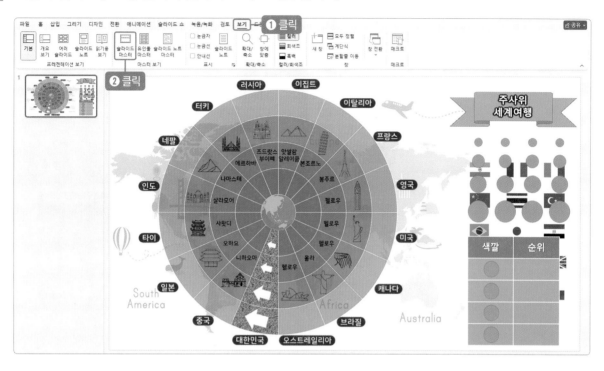

**3** 슬라이드 마스터가 실행되면 오른쪽의 국기들을 각 나라의 빈 칸으로 드래그해요.

**4** 작업이 끝나면 [슬라이드 마스터] 탭에서 **마스터 보기 닫기(⊠)**를 클릭하여 슬라이드 마스터 편집 화면에서 빠져나와요.

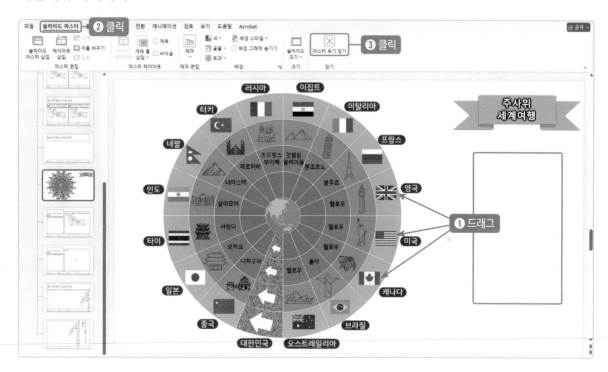

**5** Shift를 누른 채 위쪽 말 4개와 표 안의 말 1개를 클릭하여 선택해요.

**6** [도형 서식] 탭-[도형 스타일] 그룹에서 [빠른 스타일(▾)] 버튼을 클릭하여 **강한 효과 -주황, 강조 2**를 선택해요.

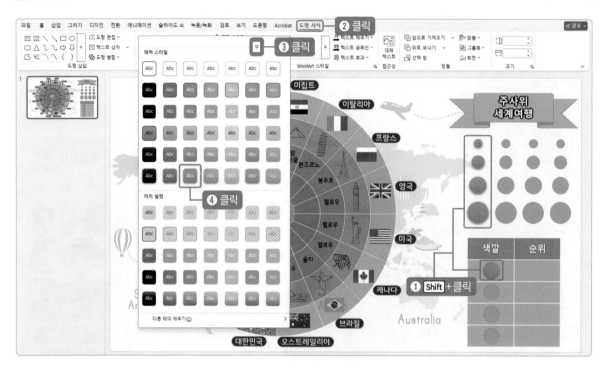

**7** 같은 방법으로 나머지 말들도 도형 스타일을 적용해요.

> 강한 효과 – '녹색, 강조6', 강한 효과 – '검정, 어둡게 1', 강한 효과 – '황금색, 강조4'

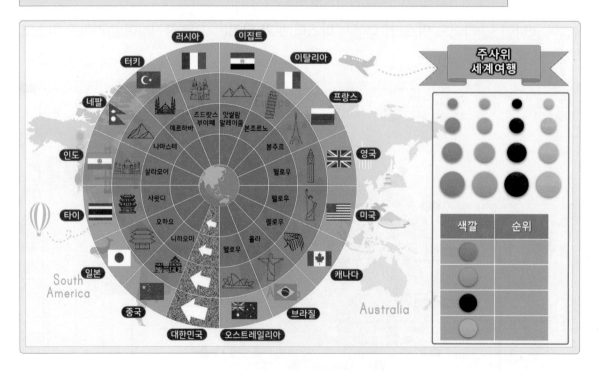

**1** 각 모둠별(개인별)로 한 가지 색을 선택하고, 게임판의 출발 지점에 크기별로 말을 쌓아요.

**2** [24차시]-[실습파일] 폴더에서 **게임 방법.pptx** 파일을 불러와요. 파일이 열리면 F5 를 눌러 게임 방법을 하나씩 확인해요.

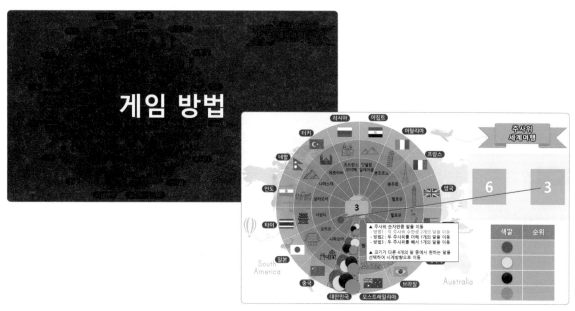

 **TIP**

**게임 방법 핵심 포인트**

❶ 주사위 값이 나오면 아래 3가지 방법 중 하나를 선택해서 말을 이동시킬 수 있어요.
  – 방법 1 : 각각의 주사위 값(5, 3)만큼 2개의 말을 이동시킴(5칸, 3칸 이동)
  – 방법 2 : 두 주사위 값(5+3=8)을 더해 1개의 말을 이동시킴(8칸 이동)
  – 방법 3 : 두 주사위 값(5-3=2)을 빼서 1개의 말을 이동시킴(2칸 이동)

❷ 말은 현재 내가 위치한 칸을 포함해서 이동시켜요.
  – 주사위 값이 2가 나왔다면 현재 내가 위치한 칸을 포함하기 때문에 실제로는 한 칸을 이동해요.

❸ 말 이동 중에 특정 칸에 다른 말이 있으면 해당 칸은 포함하지 않고 칸을 이동해요.
  – 예 : 주사위 값으로 5가 나와서 5칸을 이동하는 도중에 다른 말 2개가 특정 칸에 있다면 해당 칸은 이동 칸으로 포함하지 않기 때문에 총 7(5+2=7)칸을 이동해요.

❹ 내 말 도착 지점에 다른 말이 있으면 다른 말을 한 칸 밀고 그 자리를 차지해요.

❺ 대한민국을 제외한 다른 칸에 모든 말이 한 줄(연속으로 4개)로 되면 승리해요.

**1** 구글 크롬(◉)을 실행한 후 검색 칸에 **주사위 던지기**를 입력하고 Enter를 눌러요.

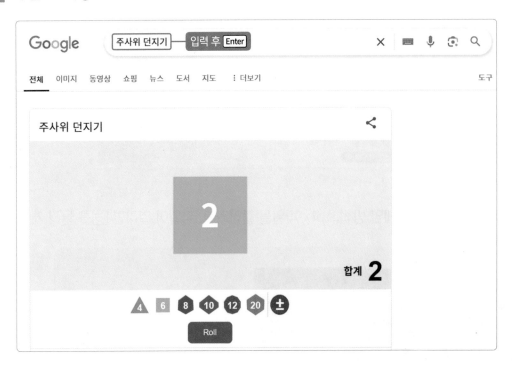

**2** 주사위를 추가하기 위해 **사각형 아이콘(6)**을 클릭해요.

**3** Roll 을 클릭하면 주사위가 돌아가고 값이 나와요.

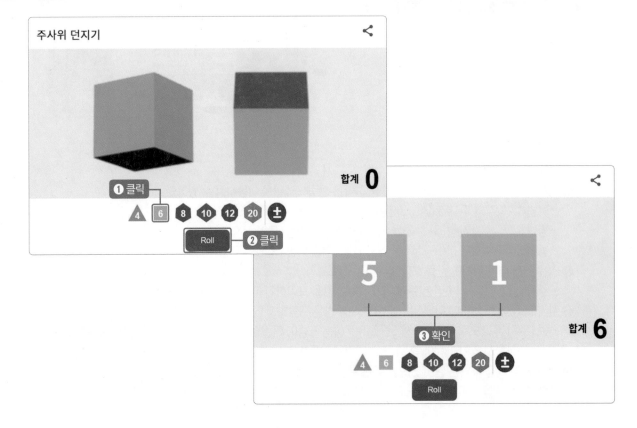